Salamano p.53

L'ÉTRANGER

le procès - trial

accuser

avocat.

procureur - (accuser Meur.)
(interroge)

l'accusation [vs] la défense

les témoins
donnent des temoignages

le jury ⟩ le juge
les jurés ⟩ le président

défense - Meursault

Albert Camus

L'ÉTRANGER

EDITED BY

GERMAINE BRÉE

NEW YORK UNIVERSITY

and

CARLOS LYNES, JR.

UNIVERSITY OF PENNSYLVANIA

PRENTICE-HALL, INC., *Englewood Cliffs, New Jersey*

Fortieth Printing . . . . . May 1987

Printed in the United States of America

ISBN: 0-13-530790-2

Library of Congress Catalog Card Number: 55-9484

PRENTICE-HALL INTERNATIONAL, INC., *London*
PRENTICE-HALL OF AUSTRALIA, PTY. LTD., *Sydney*
PRENTICE-HALL OF CANADA, LTD., *Toronto*
PRENTICE-HALL OF INDIA PRIVATE LIMITED, *New Delhi*
PRENTICE-HALL OF JAPAN, INC., *Tokyo*

PREFACE

Teachers of intermediate French in schools and colleges are constantly on the lookout for reading material that is mature in content, contemporary in feeling and expression, and, at the same time, written with the simplicity, clarity, and harmony of style that are generally considered to be characteristic virtues of French writing. Some of us have already found that Albert Camus's short novel, *L'Étranger,* is admirably suited for intermediate reading, because of its dramatic action, its direct style, and because also of its hero who incarnates one of the disturbing problems of our time. In order to make this text readily available for classroom use, we have prepared this first textbook edition, with vocabulary, notes clarifying whatever points seemed likely to raise difficulties for second-year students, and an introductory essay on the author and his work. This introduction, we hope, will serve not only intermediate students who study the text primarily as a good story written in an impeccable contemporary French style, but also students of literature who read *L'Étranger* because it is one of the most significant French novels of the mid-century.

In preparing this text, we have had the benefit of personal

conversations with Albert Camus. At our request, he has written especially for this edition a short *avant-propos* which we are happy to publish for the first time here. This foreword will be of particular interest to students of literature, since it gives briefly Camus's personal interpretation of his most famous fictional character, fifteen years after that character was first conceived.

We wish to call attention to the fact that our text reproduces the Gallimard edition newly set in type in April, 1953, eleven years after the original publication. This new edition, corrected and revised for style by the author, supersedes all earlier editions, whether published in France or elsewhere. The only change we have made in the text is the omission of four phrases, of about one line each, which might prove embarrassing in classroom reading. The vocabulary at the end of the book was prepared by David Noakes of New York University.

During the course of our work, both of us have enjoyed the encouragement and counsel of colleagues and friends in our respective institutions. We express our warm thanks to all who have helped us in our work, and in particular we are grateful to Professor George Seiver and Dr. Joseph Fernández of the University of Pennsylvania.

Avant-propos

J'ai résumé *L'Étranger,* il y a longtemps, par une phrase dont je reconnais qu'elle est très paradoxale: «Dans notre société tout homme qui ne pleure pas à l'enterrement de sa mère risque d'être condamné à mort.» Je voulais dire seulement que le héros du livre est condamné parce qu'il ne joue pas le jeu. En ce sens, il est étranger à la société où il vit, il erre, en marge, dans les faubourgs de la vie privée, solitaire, sensuelle. Et c'est pourquoi des lecteurs ont été tentés de le considérer comme une épave. On aura cependant une idée plus exacte du personnage, plus conforme en tout cas aux intentions de son auteur, si l'on se demande en quoi Meursault ne joue pas le jeu. La réponse est simple: il refuse de mentir. Mentir ce n'est pas seulement dire ce qui n'est pas. C'est aussi, c'est surtout, dire plus que ce qui est et, en ce qui concerne le cœur humain, dire plus qu'on ne sent. C'est ce que nous faisons tous, tous les jours, pour simplifier la vie. Meursault, contrairement aux apparences, ne veut pas simplifier la vie. Il dit ce qu'il est, il refuse de majorer ses sentiments, et aussitôt la société se sent menacée. On lui demande par exemple de dire qu'il regrette son crime, selon la formule consacrée. Il répond qu'il éprouve à cet égard plus d'ennui que de regret véritable. Et cette nuance le condamne.

Meursault pour moi n'est donc pas une épave, mais un homme pauvre et nu, amoureux du soleil qui ne laisse pas d'ombres. Loin qu'il soit privé de toute sensibilité, une passion profonde, parce que tacite, l'anime, la passion de l'absolu et de la vérité. Il s'agit d'une vérité encore négative, la vérité d'être et de sentir, mais sans laquelle nulle conquête sur soi et sur le monde ne sera jamais possible.

On ne se tromperait donc pas beaucoup en lisant dans *L'Étranger* l'histoire d'un homme qui, sans aucune attitude héroïque, accepte de mourir pour la vérité. Il m'est arrivé de dire aussi, et toujours paradoxalement, que j'avais essayé de figurer dans mon personnage le seul Christ que nous méritions. On comprendra, après mes explications, que je l'aie dit sans aucune intention de blasphème et seulement avec l'affection un peu ironique qu'un artiste a le droit d'éprouver à l'égard des personnages de sa création.

L'ÉTRANGER

INTRODUCTION

In the cold, gloomy Paris spring of 1942, during one of the
darkest periods of the Second World War, publication of
L'Étranger brought immediate recognition to the previously
unknown young writer Albert Camus. This short narrative,
with its sober style, rigorous composition, and above all its
deep concern for the enigma of man's fate, seemed directly
related to the problems and trials of people living in France
under enemy occupation. Camus had conceived the story
in his native Algeria before the outbreak of the war, however, and had written it in Paris in 1939-1940. It was not
from war and occupation that the tale drew its poignant
theme, but from the author's personal experience of life. His
whole generation had lived its formative years in the climate
of "malaise" or spiritual unrest prevalent in Europe during
the interval between the two world wars. *L'Étranger* ex-
pressed Camus's awareness of that malaise and of what he
was to call the "absurd" in man's condition.

Camus was born in the Algerian village of Mondovi, near
Constantine, on November 7, 1913. His father, a French-
man, was an agricultural worker who died at the front in
1914; his Spanish mother then moved with her two small

sons to Algiers, where she worked hard in humble occupations to support her family. The poverty of his childhood and young manhood left no bitterness or envy in Camus's heart; it seems rather to have given him affectionate understanding of the world's hard-working "little people."

After completing his studies at the *lycée,* Camus entered the University of Algiers, supporting himself during his student years by a variety of part-time jobs. His main interest lay in the fields of philosophy and the Greek classics; Jean Grenier, his philosophy professor, influenced the young man's reading and helped to direct his thought toward some of the problems which would later preoccupy him in his writings. Planning to become a teacher, Camus completed a *licence* (roughly equivalent to a master's degree) in philosophy and then a *diplôme d'études supérieures,* for which he presented a thesis on Plotinus and Saint Augustine.

As a young man Camus was eager to explore the world beyond his native Algeria. Despite material difficulties, he managed to take trips to Spain, Italy, Vienna, and Prague, as well as to Paris and other parts of France. His most cherished project, which he was on the point of accomplishing when the war broke out in September 1939, was to visit Greece, the very symbol of Mediterranean civilization.*

The sensuous, pagan, yet austere Mediterranean world of his youth has always attracted and charmed Camus: ". . . j'ai . . . avec l'Algérie," he wrote in 1947, "une longue liaison qui sans doute n'en finira jamais." As a boy and young man he spent long hours on the beaches near Algiers, swimming in the warm, clear water, or sun-bathing; often he roamed the countryside under the dazzling light of the Mediterranean sun and sky. The beauty of this land and its

* Camus finally visited Greece in the spring of 1955.

wealth of sensations brought him happiness which far out-weighed material cares: ". . . la pauvreté m'a été fastueuse."

Algiers, in which Camus lived most of his life up to 1939, provides the setting for *L'Étranger*. This large, modern sea-port is built in a wide semi-circle around the water's edge; its houses climb the steep slope of the rugged African coast. Surrounding the *casbah* (fort) is the picturesque old Arab town, with its narrow, noisy streets and its motley popula-tion tightly packed in the high, terraced houses. Once the stronghold of pirates—Cervantes long remained a captive there—the old quarter has retained some of the violence and lawlessness of its past. As the city grew, modern "European" sections were built, and the neighboring hills are now dotted with gleaming white buildings and sunlit villas.

Camus had begun to write even before entering the Uni-versity of Algiers, but his first essays were not published until 1937-1938, after serious illness forced him to interrupt his studies. Though his reading in philosophy and literature clearly influenced his early works, the young writer was al-ready in possession of two themes stemming directly from his own experience. *L'Envers et l'Endroit* (written in 1935-1936) is a little volume of essays giving brief, poignant glimpses of the "world of poverty" Camus had lived in as a child. It speaks of the "two sides" of the humblest lives, their pathos and their grandeur. *Noces* (written in 1936-1937) and *Le Minotaure ou la Halte d'Oran* (written in 1939) evoke lyrically the beauty of North Africa, the land "habitée par les dieux," where at certain moments during the day the countryside is "noire de lumière" and the sea is "cuirassée d'argent." But the beauty of Africa has also an inhuman side, which throws man back on himself, pitilessly reminding him of the insignificance of his brief passage on the earth. The plenitude of happiness contained in the instant is real: it is embraced by the body, savored by the mind. It is fleeting, however, and it cannot hide the lurking presence of death. Unable to accept traditional religious interpretations of man's universal condemnation to death, Camus, in his early twenties, sought in life itself an answer to this tragic problem. Life accepted, experienced to the full, and enjoyed in the present might require no other justification. To ward off the temptations of nihilism and suicide, was it not sufficient to "vivre le plus possible"?

This formula might suggest a kind of hedonistic individualism; Camus's preoccupation with human suffering and his activity in society make it clear that he was not so easily satisfied. During his student years he combined his love of literature and his feeling of social responsibility by becoming a leader in a young avant-garde theater group in Algiers. The Théâtre de l'Équipe, as it was called, had definite social aims. It was a "people's theater," cutting across class and economic boundaries, producing only plays considered both socially significant and aesthetically valid. Generous, idealistic, and passionately democratic, Camus and his friends began by staging an adaptation of André Malraux's anti-Nazi novel *Le Temps du mépris.* This was followed by an original play, *Révolte dans les Asturies,* inspired by an uprising of Spanish miners in Oviedo in 1934. This play, described as an attempt at "collective creation" though actually written in large part by Camus, was banned as subversive by the Algerian Government General. The group then turned to less controversial productions, including translations or adaptations of works by Aeschylus, Dostoevsky, and André Gide.

In 1937, Camus became ill with pulmonary tuberculosis.

It was a great shock to the young, apparently robust man, so passionately in love with life, to find himself confronted with serious illness. The shadow of death—never quite absent from his love for the fullness of life—suddenly darkened his whole horizon. Death now appeared to him as an arbitrary and unjust sentence weighing, not on him alone, but upon all men. Haunted by the thought of death, Camus nevertheless refused to surrender to illness or abandon his activity in the world of the healthy. Some of his most deeply felt, most characteristic works—the play *Caligula,* the philosophical essays of *Le Mythe de Sisyphe,* as well as *L'Étranger*—were conceived and written between 1937 and 1941, though they were not published until several years later. During the first year of the war, 1939-1940, Camus worked as a journalist in Paris and wrote *L'Étranger.* After the fall of France, he went back to Algeria for a time, but returned to German-occupied Paris in 1941 to play an active role in the Resistance.

L'Étranger, the first of Camus's major works to appear in print, is the story of Meursault, a young French office clerk in Algiers, who is caught up in a chance succession of circumstances, kills an Arab on the beach, is tried by a court of justice, and is sentenced to death on the guillotine. Meursault tells the story himself, in the first person but objectively, with a kind of flat, impersonal precision as if he were indeed a "stranger" to the events narrated and to any meaning the story might hold. Meursault first strikes the reader as unresponsive, puzzling, even somewhat repellent. As we advance in the story, however, his principal characteristic appears to be a kind of total sincerity which disconcerts us because it is virtually unknown in our world. He is a man who refuses, instinctively, to make any claims going beyond what he actually understands or feels, even though he sees the disturbing effect of his rigorous honesty on others and has no wish to hurt them. His reaction to his mother's death, his behavior at her funeral, and his activities during the days that follow are of central importance to our understanding of the character as Camus conceived him and to the action which will come in the second part of the story. By boldly stripping away the sentimentality that marks conventional attitudes toward the mother-and-son relationship, Camus makes us realize, at the beginning of his book, that his protagonist is incapable of sham or pretense and indifferent to mere social conformity.

Meursault is not a rebel, not a man who looks on himself as different from other men, like the Romantic heroes of Byron or Chateaubriand or Victor Hugo. As he tells the prison chaplain at the end of the book, he doesn't know what interests him, but he knows what does *not* interest him; neither emotional ties nor social conventions have any real hold over him. Meursault is neither proud and arrogant nor gloomy and dejected. He enjoys the simple pleasures of the everyday world: "des odeurs d'été, le quartier que j'aimais, un certain ciel du soir, le rire et les robes de Marie." But in none of these pleasures does he find or ask anything beyond the immediate satisfaction of the instant; that is why he tells Marie, the pretty girl whose company he enjoys, that he doesn't "love" her and why, later, when Marie is not allowed to visit him in prison, he quickly forgets her.

Underneath his apparent indifference, however, Meursault slowly changes until he is filled with passion and bitterness. These feelings come out in his angry rejection of the ministrations of the prison chaplain, who tries to bring the condemned man consolation and the Christian interpretation of man's destiny. After his violent outburst, as if anger had purged his heart of evil and emptied his mind of vain hope, Meursault achieves a kind of liberation from the oppressive weight of the "absurd"; his adventure ends in a flash of insight which retrospectively gives his life its significance.

Meursault cannot change his immediate situation nor can he alter the facts inherent in man's existence on earth. Life had previously held no meaning for him because he had never discerned in the workings of the universe either the presence of a God or any principle of order. At the end of the book, however, he grasps something new: the unique value of life, not just of life in the abstract, but of *his* life, which is inexhaustible in the present and must be lived with passionate enjoyment to the full. In a moment of self-realization Meursault's indifference vanishes; he knows that he has been happy in his life, that he is still happy, even though death is imminent. Life has a more poignant value because it is fragile and nearing its end. Even the gap between himself and the external world no longer dismays him: the indifference of the world now seems "tender" and "fraternal." Meursault's story here reaches its climax and its fulfillment. His death will elevate him to the stature of a lonely tragic figure.

Meursault's character and his story are bound up with the flat, unemotional, "understated" tone which Camus gives to most of the book. Here and there subtle variations in the apparently matter-of-fact style—images of the physical world or a slight heightening of the tone—reveal emotional depths in Meursault which the reader would not otherwise suspect. In the final pages of the novel, the sudden shift to a sustained dramatic tone suggests the important change that has come over Meursault. The emotion-charged style makes us realize that he is not resigned to his fate but will rather make his death itself an affirmation of the supreme value of life.*

L'Étranger is a work of creative fiction, not a moral tract or a philosophical essay; it does not contain a coherent system of thought or offer practical solutions to the problems it raises. But Camus, like other representative modern writers, does not consider literature as a diversion. To him a novel, an essay, or a play is, in a sense, an *act* which engages his full responsibility. Like *Caligula* and *Le Mythe de Sisyphe,* *L'Étranger* embodies Camus's real preoccupations during the years leading up to the Second World War. His developing view of man's nature and destiny owed much, of course, to his reading in ancient and modern philosophy as well as in literature. Among the nineteenth- and twentieth-century thinkers, Camus was drawn especially to Nietzsche, to the "philosophers of Existence" such as Kierkegaard, Heidegger, Jaspers, and Shestov, and to "phenomenologists" like Husserl. His interest in the complex and often contradictory theories of these men does not indicate uncritical acceptance of their systems; on the contrary, Camus, who has always refused the label "Existentialist" for his own position, sets forth in *Le Mythe de Sisyphe* his reasons for believing their conclusions to be false. Nevertheless, by his aversion for the abstractions of the classical philosophies, by his attentive exploration of his immediate experience, and by his concern with the themes of human solitude, freedom, and responsi-

* The significance of style or "tone" in *L'Étranger* can best be grasped, perhaps, if passages from the book are read aloud by a skillful reader. Camus himself reads excerpts from *L'Étranger* on a 10-inch microgroove record *Albert Camus vous parle,* in the collection "Leur Oeuvre et leur Voix" recorded in France by Disques Festival.

bility in a world that has turned aside from traditional explanations, Camus belongs in the broad current of existential thought and feeling which seems to characterize our age. Even the novelists in whom Camus was particularly interested at the time he wrote *L'Étranger*—Dostoevsky, Melville, Kafka, Malraux, Hemingway—contributed to his view of the "human condition" as well as to the development of his novelistic technique.

Like certain of these philosophers and novelists, Camus sees no explanation for our presence on earth, no rational design in the universe about us, no preordained purpose or meaning in our lives. Ordinarily we do not suffer from the "contingent," or as Camus calls it, the "absurd" character of our situation, because we are tied to our superficial lives by "la chaîne des gestes quotidiens." But there are moments when "les décors s'écroulent," when the senselessness of our daily routines suddenly overwhelms us. At such moments we become Meursaults: "strangers" to our own lives, obsessed with the "absurd," tempted by nihilism. Man himself is not "absurd," Camus explains in *Le Mythe de Sisyphe,* nor is the world; the "absurd" lies in the coexistence of man and the world. Man is imprisoned *in* the world and limited by his mortality; yet he is not *of* the world. There is an irreducible gap between his instinctive need for permanence and purpose, his aspiration toward love, and the impenetrable, purposeless universe about him. Man's acute awareness of that gap constitutes what Camus calls the "absurd," or the sense of the incongruity of human values and endeavors.

Meursault's attitude toward life is not Camus's, nor does Camus offer his character as a model for emulation. Meursault is not a "hero." He is rather a man suffering from a malady of the spirit, from a new form of the nineteenth-century Romantic "mal du siècle." His murder of the Arab, by its very lack of conscious motivation, reveals that his attitude has dangerously inhuman or sub-human implications. Yet society's answer to this act seems to Camus totally invalid. Human "justice" knows only how to take the young man's life, deliberately, self-righteously, and at the same time blindly. Meursault is rejected by society, as Camus himself remarks in his *Avant-propos* written for this edition, because of his inability or unwillingness to "play the game," to give lip service to the rituals and conventions by which society lives. Once his trial begins, Meursault is caught up in a kind of monstrous Kafkaesque mechanism which seems to be beyond human control. The anonymous, irresponsible procedure of society is much more criminal, in Camus's eyes, than the crime which it pretends to punish. Meursault is responsible for his act, of course, but he is also a victim—a victim of his own apathy and, in a more precise sense, of a society which has no values to offer him.

We can understand how it is possible to become a Meursault and we can find at least the beginnings of virtue in the young man's total sincerity. But Meursault's perspective is narrow, his spiritual capacity is limited. Until he is brutally jolted out of his daily routine, he makes no effort to discover values to replace the superficial social code which he instinctively rejects. With his apparent indifference to everything except the sensuous outer shell of his existence, Meursault seems to have no inner life at all. *L'Étranger* is not a completely "negative" book, however, for at the end of his adventure Meursault undergoes a kind of spiritual awakening; if life were granted him he could begin to construct a new system of values and perhaps discover vital links between himself and other men.

In *Le Mythe de Sisyphe,* published the same year as *L'Étranger,* Camus meditates on some of the moral and philosophical problems latent in his novel. He disclaims any intention of constructing a "philosophy of the absurd"; rather he is considering a "state of sensibility" and trying to describe what he believes to be "un mal de l'esprit" characteristic of the times. The originality of his essay is that the "absurd" is taken not as a conclusion but as a point of departure. Can man, without a religious faith and without trying to evade the hard facts inherent in his condition, find value in life? Camus's answer is "Yes."

Such an affirmation cannot be demonstrated by logic or proved by rational arguments; the reader must be made to *feel* its truth. Camus goes to Greek mythology for a poetic symbol embodying his conception of man's fate. Sisyphus, a legendary king of Corinth, had been condemned by the gods forever to roll a huge rock up a hill in the underworld. When the rock reaches the top, it rolls down again, and Sisyphus must continually begin his arduous task anew. Legends differ as to the reason for Sisyphus's harsh punishment and they tell us nothing of his attitude toward his task. In Camus's interpretation Sisyphus is a man who despises the gods, hates death, and above all loves life. He represents modern man and his plight symbolizes the human condition. His seemingly futile task—which resembles life itself—can, paradoxically, satisfy a man: "La lutte elle-même vers les sommets suffit à remplir un cœur d'homme. Il faut imaginer Sisyphe heureux."

Meursault, in *L'Étranger,* is obviously no Sisyphus; he is

not a heroic figure struggling toward the summits with
austere courage and with joy, not a lucid victim defying the
gods in proud awareness of his human dignity. But at the
end he has at least arrived at Sisyphus's point of departure;
he has gone beyond apathy and recognized that: "Le bonheur et l'absurde sont deux fils de la même terre. Ils sont
inséparables."

In *Caligula* and *Le Malentendu,* two plays conceived during the same period as *L'Étranger* but not staged until 1944-
1945, Camus tests out two different attitudes which human
beings who suffer from their discovery of the "absurd"
might be tempted to assume in life. The protagonists of both
plays end by betraying the values that Camus finds essential
to man and by allying themselves with the destructive forces
of the universe. Both realize their error too late, but the
meaning of the two plays is clear: senseless though the human lot may appear to be, it carries with it responsibilities
which cannot be ignored with impunity. Even in his early
works, Camus is not a prophet of egoism, nihilism, or
despair.

The war years of 1939-1945, with their humiliations, their
suffering, their restraints upon human freedom, sharpened
Camus's thought and led him to go beyond the problems
of the individual. The situation of man in society became a
major concern—contemporary man whose life, freedom,
and possibility for happiness are threatened by the scourge of
war and the totalitarian systems of the right and the left.
Camus himself played a role in the Resistance and con-
tinued in the post-war years to fight for justice and freedom
through his editorials in the newspaper *Combat* and his
other writings. Whether the tyrannical enemies of man be

fascist or communist, Camus denounces them as evil; they are "plagues" allied with the destructive, inhuman forces of the world, indifferent to the joys and sufferings of individual human beings.

Man's essential dignity, according to Camus, lies in his never-ending struggle against the dark forces which threaten and attack his humanity. This is the underlying theme of the "chronicle" novel *La Peste,* which Camus published in 1947. In this book the plague suddenly strikes the city of Oran, imposing upon the terrified inhabitants its arbitrary pattern of mass destruction. Rieux, the doctor, fights the infection, patiently, stubbornly, humbly. He enlists the aid of others, and soon in the plague-ridden city a small group of men, bound together by ties of mutual respect, steadfastly pursue the uneven contest against terror and death. Their allegiance is to life; their action is one of disinterested solidarity with the society of human beings to which they belong. With no illusions about the chances of final victory over the enemies of man, they fight the plague with all their strength and courage because it destroys the freedom and joy of life.

The same courageous championing of living human beings, in their nobility and their love, against "les abstractions et les terreurs" marks Camus's two post-war plays, *L'État de siège* (1948) and *Les Justes* (1949). Camus also became editor, for a leading French publisher, of a varied collection of books under the general heading "Espoir." The only *hope,* for an age that is tempted by nihilism, Camus says, is to name the problem and define it, "pour trouver la guérison au bout de la maladie"; the collection "Espoir" (which includes works by Simone Weil, René Char, and other writers) may aid us, he feels, to "dénoncer la tragédie et à montrer que la tragédie n'est pas une solution ni le désespoir une raison." Camus himself has attempted to suggest a more creative attitude toward our tragic problem in his long historical and philosophical essay *L'Homme révolté* (1951). This complex, occasionally obscure work shows the development of Camus's thought since the time when he wrote *L'Étranger* and *Le Mythe de Sisyphe*. It offers no promise of a final "solution" to man's transcendental longings, no easy optimism concerning his purely human difficulties. But there is an affirmative note, just the same; Camus remains, as he had remarked earlier, "pessimiste quant à la destinée humaine," but "optimiste quant à l'homme." That is to say, he sees in man's "revolt," in his refusal to acquiesce in evil, whether cosmic or human in origin, a way for us to advance "au delà du nihilisme."

Camus's preoccupations are common to many of the most characteristic French writers of the second quarter of the twentieth century. Such varied figures as the Catholic believer Georges Bernanos (1888-1948), the agnostic André Malraux (1901-), and the atheistic existentialist Jean-Paul Sartre (1905-) have dealt with the tragic problems of a world which, after accepting Nietzsche's pronouncement that God is dead, often wonders whether man may not be dead too. Unlike Sartre, who has attempted to treat these problems with the rigor and method of a systematic philosopher, Camus is first of all an artist, a man with keen sensibility and an instinctive sense of form. His concern with moral, social, and political issues is genuine, but these issues have been forced on him by the times. In a happier age he might have felt free to devote himself entirely to his art and to the fullness of living.

Yet the poignant appeal of Camus's writing comes largely

from the "tragic sense of life" which marks him and his contemporaries so deeply. In *L'Été,* a volume of essays published in 1954, there are many lyric passages which recall the moods and themes of *L'Envers et l'Endroit* and *Noces.* Perhaps the most moving text in *L'Été* is "La Mer au plus près," which evokes Camus's voyage to South America in 1953. Its concluding lines seem to contain, in a single image of exceptional resonance, the essential quality of Camus's response to life: "J'ai toujours eu l'impression de vivre en haute mer, menacé, au cœur d'un bonheur royal."

Throughout his career, Camus was deeply concerned with the disturbing political issues which have caused so much bloodshed in the world. The three volumes of *Actuelles* (1950, 1953, 1958) group the most important among the hundreds of topical articles he wrote. But in the mid-fifties, withdrawing from the political scene, Camus turned toward one of his oldest loves, the theater, adapting and directing half a dozen plays: *Requiem pour une nonne* (1956), and *Les Possédés* (1959)—adaptations from the novels of Faulkner and Dostoevski—were the more successful, or at least the more widely discussed of these adaptations. In 1959 André Malraux, th novelist and art critic, a member of de Gaulle's cabinet and in charge of all cultural activities, offered Camus the direction of a theater in Paris, an official recognition of the value of his experiments with the stage.

But the theater, which was rather a diversion for Camus, did not completely absorb him from the more demanding task of creative writing. *La Chute* (1956), a short novel, and *L'Exil et le Royaume* (1957), a volume of short stories, placed him at the forefront of the literary scene. In 1957, when he was only 44, Camus was awarded the Nobel Prize for literature, an important recognition of his international importance and prestige. Abandoning most of his activities, with the exception of the theater, he withdrew to Lourmarin, in the South of France, there to concentrate upon his work. He was working on a novel, *Le Premier homme,* when he was killed in an automobile accident on January 4th, 1960.

Camus's importance as a moral force in post-war France was due to his personal action as well as to the influence of all his writings. As a creative artist he did not perhaps surpass his accomplishment in *L'Étranger.* In this admirable short novel he gave expression to a form of anxiety latent in the emotional climate of his time. His objective, carefully controlled, but personal style was particularly well adapted to the character he created and to the atmosphere of the fictional world in which this character plays his role. It seems likely that *L'Étranger* will remain as one of the most remarkable French literary works of the mid-century.

PREMIERE PARTIE

1

Aujourd'hui, maman est morte. Ou peut-être hier, je ne sais pas. J'ai reçu un télégramme de l'asile: «Mère décédée. Enterrement demain. Sentiments distingués.»[1] Cela ne veut rien dire. C'était peut-être hier.

L'asile de vieillards est à Marengo, à quatre-vingts kilomètres[2] d'Alger. Je prendrai l'autobus à deux heures et j'arriverai dans l'après-midi. Ainsi, je pourrai veiller et je rentrerai demain soir. J'ai demandé deux jours de congé à mon patron et il ne pouvait pas me les refuser avec une excuse pareille. Mais il n'avait pas l'air content. Je lui ai même dit: «Ce n'est pas de ma faute.» Il n'a pas répondu. J'ai pensé alors que je n'aurais pas dû lui dire cela. En

---

[1] Sentiments distingués *abbreviated, telegraphic style for one of the most commonly used complimentary closings for an official or business letter; the English equivalent would be "Very truly yours" or "Faithfully yours"*
[2] quatre-vingts kilomètres *about fifty miles. A kilometer is ⅝ of a mile.*

somme, je n'avais pas à m'excuser. C'était plutôt à lui de
me présenter ses condoléances. Mais il le fera sans doute
après-demain, quand il me verra en deuil.[3] Pour le moment,
c'est un peu comme si maman n'était pas morte. Après l'en-
5 terrement, au contraire, ce sera une affaire classée et tout
aura revêtu une allure plus officielle.[4]
  J'ai pris l'autobus à deux heures. Il faisait très chaud. J'ai
mangé au restaurant, chez Céleste, comme d'habitude. Ils
avaient tous beaucoup de peine pour moi et Céleste m'a dit:
10 «On n'a qu'une mère.» Quand je suis parti, ils m'ont accompagné à la porte. J'étais un peu étourdi parce qu'il a
fallu que je monte chez Emmanuel pour lui emprunter une
cravate noire et un brassard. Il a perdu son oncle, il y a
quelques mois.
15   J'ai couru pour ne pas manquer le départ. Cette hâte,
cette course, c'est à cause de tout cela sans doute, ajouté aux
cahots, à l'odeur d'essence, à la réverbération de la route
et du ciel, que je me suis assoupi. J'ai dormi presque tout le
trajet. Et quand je me suis réveillé, j'étais tassé contre un
20 militaire qui m'a souri et qui m'a demandé si je venais de
loin. J'ai dit «oui» pour n'avoir plus à parler.
  L'asile est à deux kilomètres du village. J'ai fait le chemin
à pied. J'ai voulu voir maman tout de suite. Mais le concierge m'a dit qu'il fallait que je rencontre le directeur.
25 Comme il était occupé, j'ai attendu un peu. Pendant tout ce
temps, le concierge a parlé et ensuite, j'ai vu le directeur:
il m'a reçu dans son bureau. C'est un petit vieux, avec la

---

[3] en deuil in mourning. *French people wear black, as a sign of mourning for a dead relative, much more commonly than Americans do. Men
generally wear a black tie and an arm band of black crepe.*
[4] ce sera une affaire classée . . . plus officielle it will be a settled matter
and the whole thing will have taken on a more official status

Légion d'honneur.[5] Il m'a regardé de ses yeux clairs. Puis il m'a serré la main qu'il a gardée si longtemps que je ne savais trop comment la retirer. Il a consulté un dossier et m'a dit: «Mme Meursault est entrée ici il y a trois ans. Vous étiez son seul soutien.» J'ai cru qu'il me reprochait quelque 5 chose et j'ai commencé à lui expliquer. Mais il m'a interrompu: «Vous n'avez pas à vous justifier, mon cher enfant. J'ai lu le dossier de votre mère. Vous ne pouviez subvenir à ses besoins. Il lui fallait une garde. Vos salaires sont modestes. Et tout compte fait, elle était plus heureuse ici.» J'ai dit: 10 «Oui, monsieur le Directeur.» Il a ajouté: «Vous savez, elle avait des amis, des gens de son âge. Elle pouvait partager avec eux des intérêts qui sont d'un autre temps. Vous êtes jeune et elle devait s'ennuyer avec vous.»

C'était vrai. Quand elle était à la maison, maman passait 15 son temps à me suivre des yeux en silence. Dans les premiers jours où elle était à l'asile, elle pleurait souvent. Mais c'était à cause de l'habitude. Au bout de quelques mois, elle aurait pleuré si on l'avait retirée de l'asile. Toujours à cause de l'habitude. C'est un peu pour cela que dans la dernière 20 année je n'y suis presque plus allé. Et aussi parce que cela me prenait mon dimanche—sans compter l'effort pour aller à l'autobus, prendre des tickets et faire deux heures de route.

Le directeur m'a encore parlé. Mais je ne l'écoutais presque plus. Puis il m'a dit: «Je suppose que vous voulez voir 25 votre mère.» Je me suis levé sans rien dire et il m'a précédé vers la porte. Dans les escaliers, il m'a expliqué: «Nous

---

[5] avec la Légion d'honneur. *The director is wearing in his buttonhole the red ribbon indicating that he is a* chevalier (*knight*) *of the Legion of Honor, the order founded by Napoleon in 1802 to reward services to the French nation by civilians and military personnel.*

l'avons transportée dans notre petite morgue. Pour ne pas
impressionner les autres. Chaque fois qu'un pensionnaire
meurt, les autres sont nerveux pendant deux ou trois jours.
Et ça rend le service difficile.» Nous avons traversé une cour
5 où il y avait beaucoup de vieillards, bavardant par petits
groupes. Ils se taisaient quand nous passions. Et derrière
nous, les conversations reprenaient. On aurait dit d'un jacassement assourdi de perruches.[6] A la porte d'un petit bâtiment, le directeur m'a quitté: «Je vous laisse, monsieur
10 Meursault. Je suis à votre disposition dans mon bureau. En
principe, l'enterrement est fixé à dix heures du matin. Nous
avons pensé que vous pourrez ainsi veiller la disparue. Un
dernier mot: votre mère a, paraît-il, exprimé souvent à ses
compagnons le désir d'être enterrée religieusement. J'ai pris
15 sur moi de faire le nécessaire. Mais je voulais vous en informer.» Je l'ai remercié. Maman, sans être athée, n'avait
jamais pensé de son vivant à la religion.

Je suis entré. C'était une salle très claire, blanchie à la
chaux et recouverte d'une verrière. Elle était meublée de
20 chaises et de chevalets en forme de X. Deux d'entre eux, au
centre, supportaient une bière recouverte de son couvercle.
On voyait seulement des vis brillantes, à peine enfoncées, se
détacher sur les planches peintes au brou de noix.[7] Près de
la bière, il y avait une infirmière arabe en sarrau blanc, un
25 foulard de couleur vive sur la tête.

A ce moment, le concierge est entré derrière mon dos. Il
avait dû courir. Il a bégayé un peu: «On l'a couverte, mais
je dois dévisser la bière pour que vous puissiez la voir.» Il
s'approchait de la bière, quand je l'ai arrêté. Il m'a dit:

---

[6] On aurait dit . . . de perruches It sounded like the muffled chattering of parakeets
[7] les planches peintes au brou de noix the planks stained walnut

«Vous ne voulez pas?» J'ai répondu: «Non.» Il s'est interrompu et j'étais gêné parce que je sentais que je n'aurais pas dû dire cela. Au bout d'un moment, il m'a regardé et il m'a demandé: «Pourquoi?» mais sans reproche, comme s'il s'informait. J'ai dit: «Je ne sais pas.» Alors, tortillant sa 5 moustache blanche, il a déclaré sans me regarder: «Je comprends.» Il avait de beaux yeux, bleu clair, et un teint un peu rouge. Il m'a donné une chaise et lui-même s'est assis un peu en arrière de moi. La garde s'est levée et s'est dirigée vers la sortie. A ce moment, le concierge m'a dit: «C'est un 10 chancre qu'elle a.» Comme je ne comprenais pas, j'ai regardé l'infirmière et j'ai vu qu'elle portait sous les yeux un bandeau qui faisait le tour de la tête. A la hauteur du nez, le bandeau était plat. On ne voyait que la blancheur du bandeau dans son visage. 15

Quand elle est partie, le concierge a parlé: «Je vais vous laisser seul.» Je ne sais pas quel geste j'ai fait, mais il est resté, debout derrière moi. Cette présence dans mon dos me gênait. La pièce était pleine d'une belle lumière de fin d'après-midi. Deux frelons bourdonnaient contre la verrière. 20 Et je sentais le sommeil me gagner. J'ai dit au concierge, sans me retourner vers lui: «Il y a longtemps que vous êtes là?» Immédiatement il a répondu: «Cinq ans»—comme s'il avait attendu depuis toujours ma demande.

Ensuite, il a beaucoup bavardé. On l'aurait bien étonné 25 en lui disant qu'il finirait concierge à l'asile de Marengo. Il avait soixante-quatre ans et il était Parisien. A ce moment je l'ai interrompu. «Ah, vous n'êtes pas d'ici?» Puis je me suis souvenu qu'avant de me conduire chez le directeur, il m'avait parlé de maman. Il m'avait dit qu'il fallait l'enterrer 30 très vite, parce que dans la plaine il faisait chaud, surtout dans ce pays. C'est alors qu'il m'avait appris qu'il avait vécu

à Paris et qu'il avait du mal à l'oublier. A Paris, on reste avec
le mort trois, quatre jours quelquefois. Ici on n'a pas le
temps, on ne s'est pas fait à l'idée que déjà il faut courir
derrière le corbillard.[8] Sa femme lui avait dit alors: «Tais-
5 toi, ce ne sont pas des choses à raconter à Monsieur.» Le
vieux avait rougi et s'était excusé. J'étais intervenu pour dire:
«Mais non. Mais non.» Je trouvais ce qu'il racontait juste et
intéressant.

Dans la petite morgue, il m'a appris qu'il était entré à
10 l'asile comme indigent. Comme il se sentait valide, il s'était
proposé pour cette place de concierge. Je lui ai fait remarquer qu'en somme il était un pensionnaire. Il m'a dit que
non. J'avais déjà été frappé par la façon qu'il avait de dire:
«ils», «les autres», et plus rarement «les vieux», en parlant
15 des pensionnaires dont certains n'étaient pas plus âgés que
lui. Mais naturellement, ce n'était pas la même chose. Lui
était concierge, et, dans une certaine mesure, il avait des
droits sur eux.

La garde est entrée à ce moment. Le soir était tombé
20 brusquement. Très vite, la nuit s'était épaissie au-dessus de
la verrière. Le concierge a tourné le commutateur et j'ai
été aveuglé par l'éclaboussement soudain de la lumière. Il
m'a invité à me rendre au réfectoire pour dîner. Mais je
n'avais pas faim. Il m'a offert alors d'apporter une tasse de
25 café au lait. Comme j'aime beaucoup le café au lait, j'ai
accepté et il est revenu un moment après avec un plateau.
J'ai bu. J'ai eu alors envie de fumer. Mais j'ai hésité parce
que je ne savais pas si je pouvais le faire devant maman.

[8] On l'aurait bien étonné . . . il était Parisien . . . A Paris, on
reste avec le mort . . . on ne s'est pas fait à l'idée que déjà il faut
courir derrière le corbillard. *Here Meursault is reporting, in indirect
discourse, the words of the concierge. The last part means:* before you
get used to the idea, you have to rush off to follow the hearse.

J'ai réfléchi, cela n'avait aucune importance. J'ai offert une cigarette au concierge et nous avons fumé.

A un moment, il m'a dit: «Vous savez, les amis de Madame votre mère vont venir la veiller aussi. C'est la coutume. Il faut que j'aille chercher des chaises et du café noir.» Je lui ai demandé si on pouvait éteindre une des lampes. L'éclat de la lumière sur les murs blancs me fatiguait. Il m'a dit que ce n'était pas possible. L'installation était ainsi faite: c'était tout ou rien. Je n'ai plus beaucoup fait attention à lui. Il est sorti, est revenu, a disposé des chaises. Sur l'une d'elles, il a empilé des tasses autour d'une cafetière. Puis il s'est assis en face de moi, de l'autre côté de maman. La garde était aussi au fond, le dos tourné. Je ne voyais pas ce qu'elle faisait. Mais au mouvement de ses bras, je pouvais croire qu'elle tricotait. Il faisait doux, le café m'avait réchauffé et par la porte ouverte entrait une odeur de nuit et de fleurs. Je crois que j'ai somnolé un peu.

C'est un frôlement qui m'a réveillé. D'avoir fermé les yeux,[9] la pièce m'a paru encore plus éclatante de blancheur. Devant moi, il n'y avait pas une ombre et chaque objet, chaque angle, toutes les courbes se dessinaient avec une pureté blessante pour les yeux. C'est à ce moment que les amis de maman sont entrés. Ils étaient en tout une dizaine,[10] et ils glissaient en silence dans cette lumière aveuglante. Ils se sont assis sans qu'aucune chaise ne grinçât.[11] Je les voyais comme je n'ai jamais vu personne et pas un détail de leurs visages ou de leurs habits ne m'écnappait. Pourtant je ne les entendais pas et j'avais peine à croire à leur réalité. Presque toutes les femmes portaient un tablier et le cordon qui

[9] D'avoir fermé les yeux Because I'd had my eyes closed
[10] Ils étaient en tout une dizaine There were about ten in all
[11] sans qu'aucune chaise ne grinçât without a single chair creaking

les serrait à la taille faisait encore ressortir leur ventre bombé.
Je n'avais encore jamais remarqué à quel point les vieilles
femmes pouvaient avoir du ventre. Les hommes étaient presque tous très maigres et tenaient des cannes. Ce qui me
5 frappait dans leurs visages, c'est que je ne voyais pas leurs
yeux, mais seulement une lueur sans éclat au milieu d'un
nid de rides. Lorsqu'ils se sont assis, la plupart m'ont regardé
et ont hoché la tête avec gêne, les lèvres toutes mangées par
leur bouche sans dents,[12] sans que je puisse savoir s'ils me
10 saluaient ou s'il s'agissait d'un tic. Je crois plutôt qu'ils me
saluaient. C'est à ce moment que je me suis aperçu qu'ils
étaient tous assis en face de moi à dodeliner de la tête,[13]
autour du concierge. J'ai eu un moment l'impression ridicule
qu'ils étaient là pour me juger.[14]
15   Peu après, une des femmes s'est mise à pleurer. Elle était
au second rang, cachée par une de ses compagnes et je la
voyais mal. Elle pleurait à petits cris, régulièrement: il me
semblait qu'elle ne s'arrêterait jamais. Les autres avaient l'air
de ne pas l'entendre. Ils étaient affaissés, mornes et silencieux.
20 Ils regardaient la bière ou leur canne, ou n'importe quoi,
mais ils ne regardaient que cela. La femme pleurait toujours. J'étais très étonné parce que je ne la connaissais pas.
J'aurais voulu ne plus l'entendre. Pourtant je n'osais pas le
lui dire. Le concierge s'est penché vers elle, lui a parlé, mais
25 elle a secoué la tête, a bredouillé quelque chose, et a continué

---

[12] les lèvres toutes mangées . . sans dents their lips sucked in by
their toothless gums
[13] ils étaient tous assis . . . de la tête they were all seated facing me,
wagging their heads
[14] J'ai eu un moment . . . pour me juger. *This foreshadows Meursault's
trial and the arbitrary connection which the prosecution will make between his apparent insensibility at his mother's funeral and his killing
of the Arab.*

de pleurer avec la même régularité. Le concierge est venu alors de mon côté. Il s'est assis près de moi. Après un assez long moment, il m'a renseigné sans me regarder: «Elle était très liée avec Madame votre mère. Elle dit que c'était sa seule amie ici et que maintenant elle n'a plus personne.» 5

Nous sommes restés un long moment ainsi. Les soupirs et les sanglots de la femme se faisaient plus rares. Elle reniflait beaucoup. Elle s'est tue enfin. Je n'avais plus sommeil, mais j'étais fatigué et les reins me faisaient mal.[15] A présent c'était le silence de tous ces gens qui m'était pénible. De temps en 10 temps seulement, j'entendais un bruit singulier et je ne pouvais comprendre ce qu'il était. A la longue, j'ai fini par deviner que quelques-uns d'entre les vieillards suçaient l'intérieur de leurs joues et laissaient échapper ces clappements bizarres. Ils ne s'en apercevaient pas tant ils étaient 15 absorbés dans leurs pensées. J'avais même l'impression que cette morte, couchée au milieu d'eux, ne signifiait rien à leurs yeux. Mais je crois maintenant que c'était une impression fausse.

Nous avons tous pris du café, servi par le concierge. En- 20 suite, je ne sais plus. La nuit a passé. Je me souviens qu'à un moment j'ai ouvert les yeux et j'ai vu que les vieillards dormaient tassés sur eux-mêmes,[16] à l'exception d'un seul qui, le menton sur le dos de ses mains agrippées à sa canne, me regardait fixement comme s'il n'attendait que mon 25 réveil. Puis j'ai encore dormi. Je me suis réveillé parce que j'avais de plus en plus mal aux reins.[17] Le jour glissait sur la verrière. Peu après, l'un des vieillards s'est réveillé et il a

---

[15] les reins me faisaient mal my back was hurting
[16] tassés sur eux-mêmes hunched up
[17] j'avais de plus en plus mal aux reins my back was hurting more and more

beaucoup toussé. Il crachait dans un grand mouchoir à
carreaux et chacun de ses crachats était comme un arrachement. Il a réveillé les autres et le concierge a dit qu'ils
devraient partir. Ils se sont levés. Cette veille incommode
5 leur avait fait des visages de cendre. En sortant, et à mon
grand étonnement, ils m'ont tous serré la main—comme si
cette nuit où nous n'avions pas échangé un mot avait accru
notre intimité.

J'étais fatigué. Le concierge m'a conduit chez lui et j'ai
10 pu faire un peu de toilette. J'ai encore pris du café au lait
qui était très bon. Quand je suis sorti, le jour était complètement levé. Au-dessus des collines qui séparent Marengo
de la mer, le ciel était plein de rougeurs. Et le vent qui
passait au-dessus d'elles apportait ici une odeur de sel. C'était
15 une belle journée qui se préparait. Il y avait longtemps que
je n'étais pas allé à la campagne et je sentais quel plaisir
j'aurais pris à me promener s'il n'y avait pas eu maman.[18]

Mais j'ai attendu dans la cour, sous un platane. Je respirais
l'odeur de la terre fraîche et je n'avais plus sommeil. J'ai
20 pensé aux collègues du bureau. A cette heure, ils se levaient
pour aller au travail: pour moi c'était toujours l'heure la
plus difficile. J'ai encore réfléchi un peu à ces choses, mais
j'ai été distrait par une cloche qui sonnait à l'intérieur des
bâtiments. Il y a eu du remue-ménage derrière les fenêtres,
25 puis tout s'est calmé. Le soleil était monté un peu plus dans
le ciel: il commençait à chauffer mes pieds. Le concierge a
traversé la cour et m'a dit que le directeur me demandait. Je
suis allé dans son bureau. Il m'a fait signer un certain nombre de pièces. J'ai vu qu'il était habillé de noir avec un
30 pantalon rayé. Il a pris le téléphone en main et il m'a inter-

[18] **s'il n'y avait pas eu maman** if it hadn't been for Mother

pellé: «Les employés des pompes funèbres[19] sont là depuıs un moment. Je vais leur demander de venir fermer la bière. Voulez-vous auparavant voir votre mère une dernière fois?» J'ai dit non. Il a ordonné dans le téléphone en baissant la voix: «Figeac, dites aux hommes qu'ils peuvent aller.»[20] Ensuite il m'a dit qu'il assisterait à l'enterrement et je l'ai remercié. Il s'est assis derrière son bureau, il a croisé ses petites jambes. Il m'a averti que moi et lui serions seuls, avec l'infirmière de service. En principe, les pensionnaires ne devaient pas assister aux enterrements. Il les laissait seulement veiller: «C'est une question d'humanité», a-t-il remarqué. Mais en l'espèce,[21] il avait accordé l'autorisation de suivre le convoi à un vieil ami de maman: «Thomas Pérez.» Ici, le directeur a souri. Il m'a dit: «Vous comprenez, c'est un sentiment un peu puéril. Mais lui et votre mère ne se quittaient guère. A l'asile, on les plaisantait, on disait à Pérez: «C'est votre fiancée.» Lui riait. Ça leur faisait plaisir. Et le fait est que la mort de Mme Meursault l'a beaucoup affecté. Je n'ai pas cru devoir lui refuser l'autorisation.[22] Mais sur le conseil du médecin visiteur, je lui ai interdit la veillée d'hier.»

Nous sommes restés silencieux assez longtemps. Le directeur s'est levé et a regardé par la fenêtre de son bureau. A un moment, il a observé: «Voilà déjà le curé de Marengo. Il est en avance.» Il m'a prévenu qu'il faudrait au moins trois quarts d'heure de marche pour aller à l'église qui est au

---

[19] Les employés des pompes funèbres The undertaker's men
[20] ils peuvent aller they may go ahead
[21] en l'espèce in this case
[22] Je n'ai pas cru devoir . . . l'autorisation I didn't think J could properly refuse him permission (i.e., to attend the funeral)

village même. Nous sommes descendus. Devant le bâtiment,
il y avait le curé et deux enfants de chœur. L'un de ceux-ci
tenait un encensoir et le prêtre se baissait vers lui pour
régler la longueur de la chaîne d'argent. Quand nous som-
5 mes arrivés, le prêtre s'est relevé. Il m'a appelé «mon fils»
et m'a dit quelques mots. Il est entré; je l'ai suivi.

J'ai vu d'un coup que les vis de la bière étaient enfoncées
et qu'il y avait quatre hommes noirs[23] dans la pièce. J'ai
entendu en même temps le directeur me dire que la voiture
10 attendait sur la route et le prêtre commencer ses prières. A
partir de ce moment, tout est allé très vite. Les hommes se
sont avancés vers la bière avec un drap. Le prêtre, ses suivants, le directeur et moi-même sommes sortis. Devant la
porte, il y avait une dame que je ne connaissais pas: «M.
15 Meursault», a dit le directeur. Je n'ai pas entendu le nom
de cette dame et j'ai compris seulement qu'elle était infirmière déléguée.[24] Elle a incliné sans un sourire son visage
osseux et long. Puis nous nous sommes rangés pour laisser
passer le corps. Nous avons suivi les porteurs et nous sommes
20 sortis de l'asile. Devant la porte, il y avait la voiture. Vernie,
oblongue et brillante, elle faisait penser à un plumier. A
côté d'elle, il y avait l'ordonnateur, petit homme aux habits
ridicules, et un vieillard à l'allure empruntée.[25] J'ai compris
que c'était M. Pérez. Il avait un feutre mou à la calotte
25 ronde et aux ailes larges (il l'a ôté quand la bière a passé la
porte), un costume dont le pantalon tirebouchonnait sur les
souliers[26] et un nœud d'étoffe noire trop petit pour sa che-

---

[23] hommes noirs men in black
[24] elle était infirmière déléguée she was a nurse assigned to the home
[25] un vieillard à l'allure empruntée a stiff and embarrassed-looking old man
[26] un costume . . . tirebouchonnait sur les souliers a suit whose trousers sagged down on his shoes

mise à grand col blanc. Ses lèvres tremblaient au-dessous
d'un nez truffé de points noirs.[27] Ses cheveux blancs assez
fins laissaient passer de curieuses oreilles ballantes et mal
ourlées[28] dont la couleur rouge sang dans ce visage blafard
me frappa. L'ordonnateur nous donna nos places. Le curé 5
marchait en avant, puis la voiture. Autour d'elle, les quatre
hommes. Derrière, le directeur, moi-même et, fermant la
marche, l'infirmière déléguée et M. Pérez.
    Le ciel était déjà plein de soleil. Il commençait à peser
sur la terre et la chaleur augmentait rapidement. Je ne sais 10
pas pourquoi nous avons attendu assez longtemps avant de
nous mettre en marche. J'avais chaud sous mes vêtements
sombres. Le petit vieux, qui s'était recouvert, a de nouveau
ôté son chapeau. Je m'étais un peu tourné de son côté, et je
le regardais lorsque le directeur m'a parlé de lui. Il m'a dit 15
que souvent ma mère et M. Pérez allaient se promener le
soir jusqu'au village, accompagnés d'une infirmière. Je
regardai la campagne autour de moi. A travers les lignes de
cyprès qui menaient aux collines près du ciel, cette terre
rousse et verte, ces maisons rares et bien dessinées, je com- 20
prenais maman. Le soir, dans ce pays, devait être comme une
trêve mélancolique. Aujourd'hui, le soleil débordant qui
faisait tressaillir le paysage le rendait inhumain et dépri-
mant.
    Nous nous sommes mis en marche. C'est à ce moment 25
que je me suis aperçu que Pérez claudiquait légèrement. La
voiture, peu à peu, prenait de la vitesse et le vieillard perdait
du terrain. L'un des hommes qui entouraient la voiture

[27] truffé de points noirs spotted with blackheads
[28] Ses cheveux blancs . . . oreilles ballantes et mal ourlées His strange,
pendulous, irregularly shaped ears stuck out through his wispy white
hair

s'était laissé dépasser aussi et marchait maintenant à mon niveau. J'étais surpris de la rapidité avec laquelle le soleil montait dans le ciel. Je me suis aperçu, qu'il y avait déjà longtemps que la campagne bourdonnait du chant des in-
5 sectes et de crépitements d'herbe. La sueur coulait sur mes joues. Comme je n'avais pas de chapeau, je m'éventais avec mon mouchoir. L'employé des pompes funèbres m'a dit alors quelque chose que je n'ai pas entendu. En même temps, il s'essuyait le crâne avec un mouchoir qu'il tenait
10 dans sa main gauche, la main droite soulevant le bord de sa casquette. Je lui ai dit: «Comment?» Il a répété en montrant le ciel: «Ça tape.»[29] J'ai dit: «Oui.» Un peu après, il m'a demandé: «C'est votre mère qui est là?» J'ai encore dit: «Oui.» «Elle était vieille?» J'ai répondu: «Comme ça»,[30]
15 parce que je ne savais pas le chiffre exact. Ensuite, il s'est tu. Je me suis retourné et j'ai vu le vieux Pérez à une cinquantaine de mètres derrière nous. Il se hâtait en balançant son feutre à bout de bras. J'ai regardé aussi le directeur. Il marchait avec beaucoup de dignité, sans un geste inutile. Quel-
20 ques gouttes de sueur perlaient sur son front, mais il ne les essuyait pas.

Il me semblait que le convoi marchait un peu plus vite. Autour de moi, c'était toujours la même campagne lumineuse gorgée de soleil. L'éclat du ciel était insoutenable. A
25 un moment donné,[31] nous sommes passés sur une partie de la route qui avait été récemment refaite. Le soleil avait fait éclater le goudron. Les pieds y enfonçaient et laissaient ouverte sa pulpe brillante. Au-dessus de la voiture, le cha-

---

[29] Ça tape It's really hot (taper: to strike *or* beat; *i.e.,* The sun is beating down)
[30] Comme ça She was getting along (in age)
[31] A un moment donné At a certain point

peau du cocher, en cuir bouilli,[32] semblait avoir été pétri
dans cette boue noire. J'étais un peu perdu entre le ciel bleu
et blanc et la monotonie de ces couleurs, noir gluant du
goudron ouvert, noir terne des habits, noir laqué de la voiture. Tout cela, le soleil, l'odeur de cuir et de crottin de la 5
voiture, celle du vernis et celle de l'encens, la fatigue d'une
nuit d'insomnie, me troublait le regard et les idées. Je me
suis retourné une fois de plus: Pérez m'a paru très loin,
perdu dans une nuée de chaleur, puis je ne l'ai plus aperçu.
Je l'ai cherché du regard et j'ai vu qu'il avait quitté la route 10
et pris à travers champs. J'ai constaté aussi que devant moi
la route tournait. J'ai compris que Pérez qui connaissait le
pays coupait au plus court[33] pour nous rattraper. Au tournant il nous avait rejoints. Puis nous l'avons perdu. Il a
repris encore à travers champs et comme cela plusieurs fois. 15
Moi, je sentais le sang qui me battait aux tempes.

Tout s'est passé ensuite avec tant de précipitation, de certitude et de naturel, que je ne me souviens plus de rien. Une
chose seulement: à l'entrée du village, l'infirmière déléguée
m'a parlé. Elle avait une voix singulière qui n'allait pas 20
avec son visage, une voix mélodieuse et tremblante. Elle
m'a dit: «Si on va doucement, on risque une insolation. Mais
si on va trop vite, on est en transpiration et dans l'église on
attrape un chaud et froid.»[34] Elle avait raison. Il n'y avait
pas d'issue.[35] J'ai encore gardé quelques images de cette 25
journée: par exemple, le visage de Pérez quand, pour la
dernière fois, il nous a rejoints près du village. De grosses

---

[32] le chapeau . . . en cuir bouilli the coachman's hard leather hat (*The
leather is boiled in a resinous substance to harden it.*)
[33] Pérez ... coupait au plus court Pérez . . . was taking a short cut
[34] un chaud et froid a chill
[35] Il n'y avait pas d'issue There was no way out

larmes d'énervement et de peine ruisselaient sur ses joues. Mais, à cause des rides, elles ne s'écoulaient pas. Elles s'étalaient, se rejoignaient et formaient un vernis d'eau[36] sur ce visage détruit. Il y a eu encore l'église et les villageois 5 sur les trottoirs, les géraniums rouges sur les tombes du cimetière, l'évanouissement de Pérez (on eût dit un pantin disloqué),[37] la terre couleur de sang qui roulait sur la bière de maman, la chair blanche des racines qui s'y mêlaient, encore du monde, des voix, le village, l'attente devant un café, 10 l'incessant ronflement du moteur, et ma joie quand l'autobus est entré dans le nid de lumières d'Alger et que j'ai pensé que j'allais me coucher et dormir pendant douze heures.

[36] **un vernis d'eau** a shiny coating of water

[37] **on eût dit un pantin disloqué** he crumpled up like a puppet when the strings are loosened

2

En me réveillant, j'ai compris pourquoi mon patron avait
l'air mécontent quand je lui ai demandé mes deux jours de
congé: c'est aujourd'hui samedi. Je l'avais pour ainsi dire
oublié, mais en me levant, cette idée m'est venue. Mon
patron, tout naturellement, a pensé que j'aurais ainsi quatre 5
jours de vacances avec mon dimanche et cela ne pouvait pas
lui faire plaisir. Mais d'une part, ce n'est pas de ma faute si
on a enterré maman hier au lieu d'aujourd'hui, et d'autre
part, j'aurais eu mon samedi et mon dimanche de toutes
façons. Bien entendu, cela ne m'empêche pas de comprendre 10
tout de même mon patron.

J'ai eu de la peine à me lever parce que j'étais fatigué de
ma journée d'hier. Pendant que je me rasais, je me suis
demandé ce que j'allais faire et j'ai décidé d'aller me baigner.
J'ai pris le tram pour aller à l'établissement de bains du port. 15
Là, j'ai plongé dans la passe.[1] Il y avait beaucoup de jeunes

[1] **j'ai plongé dans la passe** I dived into the channel

37

gens. J'ai retrouvé dans l'eau Marie Cardona, une ancienne
dactylo² de mon bureau dont j'avais eu envie à l'époque.³
Elle aussi, je crois. Mais elle est partie peu après et nous
n'avons pas eu le temps. Je l'ai aidée à monter sur une
5 bouée et, dans ce mouvement, j'ai effleuré ses seins. J'étais
encore dans l'eau quand elle était déjà à plat ventre sur la
bouée. Elle s'est retournée vers moi. Elle avait les cheveux
dans les yeux et elle riait. Je me suis hissé à côté d'elle sur
la bouée. Il faisait bon et, comme en plaisantant, j'ai laissé
10 aller ma tête en arrière et je l'ai posée sur son ventre. Elle
n'a rien dit et je suis resté ainsi. J'avais tout le ciel dans les
yeux et il était bleu et doré. Sous ma nuque, je sentais le
ventre de Marie battre doucement. Nous sommes restés
longtemps sur la bouée, à moitié endormis. Quand le soleil
15 est devenu trop fort, elle a plongé et je l'ai suivie. Je l'ai
rattrapée, j'ai passé ma main autour de sa taille et nous avons
nagé ensemble. Elle riait toujours. Sur le quai, pendant que
nous nous séchions, elle m'a dit: «Je suis plus brune que
vous.» Je lui ai demandé si elle voulait venir au cinéma, le
20 soir. Elle a encore ri et m'a dit qu'elle avait envie de voir un
film avec Fernandel.⁴ Quand nous nous sommes rhabillés,
elle a eu l'air très surprise de me voir avec une cravate noire
et elle m'a demandé si j'étais en deuil. Je lui ai dit que
maman était morte. Comme elle voulait savoir depuis quand,
25 j'ai répondu: «Depuis hier.» Elle a eu un petit recul, mais
n'a fait aucune remarque. J'ai eu envie de lui dire que ce
n'était pas de ma faute, mais je me suis arrêté parce que
j'ai pensé que je l'avais déjà dit à mon patron. Cela ne

² une ancienne dactylo a former typist
³ à l'époque at that time (*i.e., when she was employed in his office*)
⁴ Fernandel *a popular French motion picture actor, famous for his
comic roles*

signifiait rien. De toute façon, on est toujours un peu fautif.[5]
Le soir, Marie avait tout oublié. Le film était drôle par
moments et puis vraiment trop bête. Elle avait sa jambe
contre la mienne. Je lui caressais les seins. Vers la fin de la
séance, je l'ai embrassée, mais mal. En sortant, elle est venue [5]
chez moi.

Quand je me suis réveillé, Marie était partie. Elle m'avait
expliqué qu'elle devait aller chez sa tante. J'ai pensé que
c'était dimanche et cela m'a ennuyé: je n'aime pas le dimanche. Alors, je me suis retourné dans mon lit, j'ai cherché [10]
dans le traversin l'odeur de sel que les cheveux de Marie y
avaient laissée et j'ai dormi jusqu'à dix heures. J'ai fumé
ensuite des cigarettes, toujours couché, jusqu'à midi. Je ne
voulais pas déjeuner chez Céleste comme d'habitude parce
que, certainement, ils m'auraient posé des questions et je [15]
n'aime pas cela. Je me suis fait cuire des œufs et je les ai
mangés à même le plat,[6] sans pain parce que je n'en avais
plus et que je ne voulais pas descendre pour en acheter.

Après le déjeuner, je me suis ennuyé un peu et j'ai erré
dans l'appartement. Il était commode quand maman était [20]
là. Maintenant il est trop grand pour moi et j'ai dû transporter dans ma chambre la table de la salle à manger. Je ne
vis plus que dans cette pièce, entre les chaises de paille un
peu creusées, l'armoire dont la glace est jaunie, la table de
toilette et le lit de cuivre. Le reste est à l'abandon. Un peu [25]
plus tard, pour faire quelque chose, j'ai pris un vieux journal
et je l'ai lu. J'y ai découpé une réclame des sels Kruschen[7]

[5] De toute façon, on est toujours un peu fautif Anyway, one always
feels a little guilty

[6] à même le plat from the pan

[7] une réclame des sels Kruschen an advertisement for Kruschen salts
(*a patent medicine for which advertisements, describing in lurid superla-
tives its benefits to the human body, used to appear in the newspapers*)

et je l'ai collée dans un vieux cahier où je mets les choses qui m'amusent dans les journaux. Je me suis aussi lavé les mains et pour finir je me suis mis au balcon.

Ma chambre donne sur la rue principale du faubourg. 5 L'après-midi était beau. Cependant, le pavé était gras,[8] les gens rares et pressés encore. C'étaient d'abord des familles allant en promenade, deux petits garçons en costume marin, la culotte au-dessous du genou, un peu empêtrés dans leurs vêtements raides, et une petite fille avec un gros nœud rose 10 et des souliers noirs vernis. Derrière eux, une mère énorme, en robe de soie marron, et le père, un petit homme assez frêle que je connais de vue. Il avait un canotier, un nœud papillon[9] et une canne à la main. En le voyant avec sa femme, j'ai compris pourquoi dans le quartier on disait de 15 lui qu'il était distingué. Un peu plus tard passèrent les jeunes gens du faubourg, cheveux laqués et cravate rouge, le veston très cintré, avec une pochette brodée et des souliers à bouts carrés. J'ai pensé qu'ils allaient aux cinémas du centre. C'était pourquoi ils partaient si tôt et se dépêchaient vers le 20 tram en riant très fort.

Après eux, la rue peu à peu est devenue déserte. Les spectacles étaient partout commencés, je crois. Il n'y avait plus dans la rue que les boutiquiers et les chats. Le ciel était pur mais sans éclat, au-dessus des ficus[10] qui bordent la rue. 25 Sur le trottoir d'en face, le marchand de tabac a sorti une chaise, l'a installée devant sa porte et l'a enfourchée en s'appuyant des deux bras sur le dossier. Les trams tout à l'heure bondés étaient presque vides. Dans le petit café:

---

[8] le pavé était gras the pavement was slippery

[9] un nœud papillon a bow tie

[10] ficus. Ficus *is the Latin name of a large genus of tropical trees and shrubs; the ordinary fig tree is an important species.*

«Chez Pierrot», à côté du marchand de tabac, le garçon
balayait de la sciure dans la salle déserte. C'était vraiment
dimanche.

J'ai retourné ma chaise et je l'ai placée comme celle du
marchand de tabac parce que j'ai trouvé que c'était plus com- 5
mode. J'ai fumé deux cigarettes, je suis rentré pour prendre
un morceau de chocolat et je suis revenu le manger à la
fenêtre. Peu après, le ciel s'est assombri et j'ai cru que nous
allions avoir un orage d'été. Il s'est découvert peu à peu cependant. Mais le passage des nuées avait laissé sur la rue 10
comme une promesse de pluie[11] qui l'a rendue plus sombre.
Je suis resté longtemps à regarder le ciel.

A cinq heures, des tramways sont arrivés dans le bruit. Ils
ramenaient du stade de banlieue des grappes de spectateurs
perchés sur les marchepieds et les rambardes. Les tramways 15
suivants ont ramené les joueurs que j'ai reconnus à leurs
petites valises. Ils hurlaient et chantaient à pleins poumons[12]
que leur club ne périrait pas. Plusieurs m'ont fait des signes.
L'un m'a même crié: «On les a eus.»[13] Et j'ai fait: «Oui»,
en secouant la tête. A partir de ce moment, les autos ont 20
commencé à affluer.

La journée a tourné encore un peu.[14] Au-dessus des toits,
le ciel est devenu rougeâtre et avec le soir naissant, les rues
se sont animées. Les promeneurs revenaient peu à peu. J'ai
reconnu le monsieur distingué au milieu d'autres. Les en- 25
fants pleuraient ou se laissaient traîner. Presque aussitôt,
les cinémas du quartier ont déversé dans la rue un flot de
spectateurs. Parmi eux, les jeunes gens avaient des gestes

---

[11] comme une promesse de pluie a suggestion of rain
[12] à pleins poumons at the top of their lungs
[13] On les a eus We licked them
[14] La journée a tourné encore un peu The day advanced a little more

plus décidés que d'habitude[15] et j'ai pensé qu'ils avaient vu un film d'aventures. Ceux qui revenaient des cinémas de la ville arrivèrent un peu plus tard. Ils semblaient plus graves. Ils riaient encore, mais de temps en temps, ils paraissaient 5 fatigués et songeurs. Ils sont restés dans la rue, allant et venant sur le trottoir d'en face. Les jeunes filles du quartier, en cheveux,[16] se tenaient par le bras. Les jeunes gens s'étaient arrangés pour les croiser[17] et ils lançaient des plaisanteries dont elles riaient en détournant la tête. Plu-10 sieurs d'entre elles, que je connaissais, m'ont fait des signes.

Les lampes de la rue se sont alors allumées brusquement et elles ont fait pâlir les premières étoiles qui montaient dans la nuit. J'ai senti mes yeux se fatiguer à regarder ainsi les trottoirs avec leur chargement d'hommes et de lumières. Les 15 lampes faisaient luire le pavé mouillé, et les tramways, à intervalles réguliers, mettaient leurs reflets sur des cheveux brillants, un sourire ou un bracelet d'argent. Peu après, avec les tramways plus rares et la nuit déjà noire au-dessus des arbres et des lampes, le quartier s'est vidé insensiblement, 20 jusqu'à ce que le premier chat traverse[18] lentement la rue de nouveau déserte. J'ai pensé alors qu'il fallait dîner. J'avais un peu mal au cou d'être resté longtemps appuyé sur le dos de ma chaise. Je suis descendu acheter du pain et des pâtes, j'ai fait ma cuisine et j'ai mangé debout. J'ai encore voulu 25 fumer une cigarette à la fenêtre, mais l'air avait fraîchi et j'ai eu un peu froid. J'ai fermé mes fenêtres et en revenant

[15] les jeunes gens . . . plus décidés que d'habitude the young men were making more forceful gestures than usual

[16] en cheveux hatless

[17] Les jeunes gens . . . pour les croiser The young men managed to meet them face to face and pass them

[18] traverse crossed (*present subjunctive, used in informal style instead of the imperfect subjunctive*)

j'ai vu dans la glace un bout de table où ma lampe à alcool voisinait avec des morceaux de pain. J'ai pensé que c'était toujours un dimanche de tiré,[19] que maman était maintenant enterrée, que j'allais reprendre mon travail et que, somme toute, il n'y avait rien de changé. 5

[19] c'était toujours un dimanche de tiré it was one Sunday gone, anyway

3

Aujourd'hui j'ai beaucoup travaillé au bureau. Le patron a été aimable. Il m'a demandé si je n'étais pas trop fatigué et il a voulu savoir aussi l'âge de maman. J'ai dit: «Une soixantaine d'années»,[1] pour ne pas me tromper et je ne 5 sais pas pourquoi il a eu l'air d'être soulagé et de considérer que c'était une affaire terminée.

Il y avait un tas de connaissements qui s'amoncelaient sur ma table et il a fallu que je les dépouille tous. Avant de quitter le bureau pour aller déjeuner, je me suis lavé les 10 mains. A midi, j'aime bien ce moment. Le soir, j'y trouve moins de plaisir parce que la serviette roulante qu'on utilise est tout à fait humide: elle a servi toute la journée. J'en ai fait la remarque un jour â mon patron. Il m'a répondu qu'il trouvait cela regrettable, mais que c'était tout de même un 15 détail sans importance. Je suis sorti un peu tard, à midi et demi, avec Emmanuel, qui travaille à l'expédition. Le

[1] **Une soixantaine d'années** About sixty

44

bureau donne sur la mer et nous avons perdu un moment à regarder les cargos dans le port brûlant de soleil. A ce moment, un camion est arrivé dans un fracas de chaînes et d'explosions. Emmanuel m'a demandé «si on y allait»[2] et je me suis mis à courir. Le camion nous a dépassés et nous 5 nous sommes lancés à sa poursuite. J'étais noyé dans le bruit et la poussière. Je ne voyais plus rien et ne sentais que cet élan désordonné de la course, au milieu des treuils et des machines, des mâts qui dansaient sur l'horizon et des coques que nous longions. J'ai pris appui le premier et j'ai sauté 10 au vol.[3] Puis j'ai aidé Emmanuel à s'asseoir. Nous étions hors de souffle, le camion sautait sur les pavés inégaux du quai, au milieu de la poussière et du soleil. Emmanuel riait à perdre haleine.

Nous sommes arrivés en nage[4] chez Céleste. Il était tou- 15 jours là, avec son gros ventre, son tablier et ses moustaches blanches. Il m'a demandé si «ça allait quand même».[5] Je lui ai dit que oui et que j'avais faim. J'ai mangé très vite et j'ai pris du café. Puis je suis rentré chez moi, j'ai dormi un peu parce que j'avais trop bu de vin et, en me réveillant, j'ai 20 eu envie de fumer. Il était tard et j'ai couru pour attraper un tram. J'ai travaillé tout l'après-midi. Il faisait très chaud dans le bureau et le soir, en sortant, j'ai été heureux de revenir en marchant lentement le long des quais. Le ciel était vert, je me sentais content. Tout de même, je suis 25 rentré directement chez moi parce que je voulais me préparer des pommes de terre bouillies.

En montant, dans l'escalier noir, j'ai heurté le vieux Sala-

---

[2] si on y allait shall we go after it?
[3] j'ai sauté au vol I took a flying jump
[4] en nage dripping with sweat
[5] si «ça allait quand même» if I felt all right in spite of everything

mano, mon voisin de palier.[6] Il était avec son chien. Il y a
huit ans qu'on les voit ensemble.[7] L'épagneul a une maladie
de peau, le rouge, je crois, qui lui fait perdre presque tous
ses poils et qui le couvre de plaques et de croûtes brunes. A
5 force de vivre avec lui, seuls tous les deux dans une petite
chambre, le vieux Salamano a fini par lui ressembler. Il a
des croûtes rougeâtres sur le visage et le poil jaune et rare.
Le chien, lui, a pris de son patron une sorte d'allure voûtée,
le museau en avant et le cou tendu. Ils ont l'air de la même
10 race et pourtant ils se détestent. Deux fois par jour, à onze
heures et à six heures, le vieux mène son chien promener.
Depuis huit ans, ils n'ont pas changé leur itinéraire. On peut
les voir le long de la rue de Lyon, le chien tirant l'homme
jusqu'à ce que le vieux Salamano bute. Il bat son chien alors
15 et il l'insulte. Le chien rampe de frayeur et se laisse traîner.
A ce moment, c'est au vieux de le tirer. Quand le chien a
oublié, il entraîne de nouveau son maître et il est de nouveau battu et insulté. Alors, ils restent tous les deux sur le
trottoir et ils se regardent, le chien avec terreur, l'homme
20 avec haine. C'est ainsi tous les jours. Quand le chien veut
uriner, le vieux ne lui en laisse pas le temps et il le tire,
l'épagneul semant derrière lui une traînée de petites gouttes.
Si par hasard le chien fait dans la chambre,[8] alors il est encore battu. Il y a huit ans que cela dure. Céleste dit toujours
25 que «c'est malheureux», mais au fond, personne ne peut
savoir. Quand je l'ai rencontré dans l'escalier, Salamano était
en train d'insulter son chien. Il lui disait: «Salaud! Charogne!» et le chien gémissait. J'ai dit: «Bonsoir», mais le vieux

[6] mon voisin de palier my neighbor on the same floor
[7] Il y a huit ans . . . ensemble They have been seen together all the
time for eight years
[8] Si . . . le chien . . . dans la chambre If . . . the dog forgets himself in the room

insultait toujours. Alors je lui ai demandé ce que le chien lui avait fait. Il ne m'a pas répondu. Il disait seulement: «Salaud! Charogne!» Je le devinais, penché sur son chien, en train d'arranger quelque chose sur le collier. J'ai parlé plus fort. Alors sans se retourner, il m'a répondu avec une 5 sorte de rage rentrée:[9] «Il est toujours là.» Puis il est parti en tirant la bête qui se laissait traîner sur ses quatre pattes, et gémissait.

Juste à ce moment est entré mon deuxième voisin de palier. Dans le quartier, on dit qu'il vit des femmes. Quand 10 on lui demande son métier, pourtant, il est «magasinier». En général, il n'est guère aimé. Mais il me parle souvent et quelquefois il passe un moment chez moi parce que je l'écoute. Je trouve que ce qu'il dit est intéressant. D'ailleurs, je n'ai aucune raison de ne pas lui parler. Il s'appelle Raymond 15 Sintès. Il est assez petit, avec de larges épaules et un nez de boxeur. Il est toujours habillé très correctement. Lui aussi m'a dit, en parlant de Salamano: «Si c'est pas malheureux!»[10] Il m'a demandé si ça ne me dégoûtait pas et j'ai répondu que non. 20

Nous sommes montés et j'allais le quitter quand il m'a dit: «J'ai chez moi du boudin et du vin. Si vous voulez manger un morceau avec moi? . . .» J'ai pensé que cela m'éviterait de faire ma cuisine et j'ai accepté. Lui aussi n'a qu'une chambre, avec une cuisine sans fenêtre. Au-dessus de 25 son lit, il a un ange en stuc blanc et rose, des photos de champions et deux ou trois clichés de femmes nues. La chambre était sale et le lit défait. Il a d'abord allumé sa lampe à pétrole, puis il a sorti un pansement assez douteux

[9] une sorte de rage rentrée a kind of suppressed rage
[10] Si c'est pas malheureux! Isn't it too bad! (*colloquial expression; note omission of* ne)

de sa poche et a enveloppé sa main droite. Je lui ai demandé
ce qu'il avait. Il m'a dit qu'il avait eu une bagarre avec un
type qui lui cherchait des histoires.[11]

«Vous comprenez, monsieur Meursault, m'a-t-il dit, c'est
5 pas que je suis méchant,[12] mais je suis vif. L'autre, il m'a
dit: «Descends du tram si tu es un homme.» Je lui ai dit:
«Allez, reste tranquille.» Il m'a dit que je n'étais pas un
homme. Alors je suis descendu et je lui ai dit: «Assez, ça
vaut mieux, ou je vais te mûrir.»[13] Il m'a répondu: «De
10 quoi?»[14] Alors je lui en ai donné un.[15] Il est tombé. Moi,
j'allais le relever. Mais il m'a donné des coups de pied de par
terre. Alors je lui ai donné un coup de genou et deux ta-
quets. Il avait la figure en sang. Je lui ai demandé s'il avait
son compte.[16] Il m'a dit: «Oui.» Pendant tout ce temps,
15 Sintès arrangeait son pansement. J'étais assis sur le lit. Il
m'a dit: «Vous voyez que je ne l'ai pas cherché. C'est lui
qui m'a manqué.»[17] C'était vrai et je l'ai reconnu. Alors il
m'a déclaré que, justement, il voulait me demander un conseil au sujet de cette affaire, que moi, j'étais un homme, je
20 connaissais la vie, que je pouvais l'aider et qu'ensuite il serait
mon copain. Je n'ai rien dit et il m'a demandé encore si je
voulais être son copain. J'ai dit que ça m'était égal: il a eu
l'air content. Il a sorti du boudin, il l'a fait cuire à la poêle,

[11] un type qui lui cherchait des histoires a guy who was trying to make
trouble for him
[12] c'est pas que je suis méchant it's not that I'm bad tempered (colloquial omission of ne)
[13] ou je vais te mûrir or I'll fix you (slang)
[14] De quoi? You and who else? (slang expression, no literal translation)
[15] je lui en ai donné un I let him have one (colloquial)
[16] s'il avait son compte if he'd had enough
[17] C'est lui qui m'a manqué I'm the injured party (literally: he's the
one who offended me)

et il a installé des verres, des assiettes, des couverts et deux
bouteilles de vin. Tout cela en silence. Puis nous nous sommes installés. En mangeant, il a commencé à me raconter
son histoire. Il hésitait d'abord un peu. «J'ai connu une
dame . . . c'était pour autant dire[18] ma maîtresse . . .»[5]
L'homme avec qui il s'était battu était le frère de cette
femme. Il m'a dit qu'il l'avait entretenue. Je n'ai rien répondu et pourtant il a ajouté tout de suite qu'il savait ce
qu'on disait, dans le quartier, mais qu'il avait sa conscience
pour lui et qu'il était magasinier.   10

«Pour en venir à mon histoire, m'a-t-il dit, je me suis
aperçu qu'il y avait de la tromperie.»[19] Il lui donnait juste de
quoi vivre.[20] Il payait lui-même le loyer de sa chambre et il
lui donnait vingt francs[21] par jour pour la nourriture. «Trois
cents francs de chambre, six cents francs de nourriture, une [15]
paire de bas de temps en temps, ça faisait mille francs. Et
madame ne travaillait pas. Mais elle me disait que c'était
juste, qu'elle n'arrivait pas[22] avec ce que je lui donnais. Pourtant, je lui disais: «Pourquoi tu travailles pas[23] une demi-
journée? Tu me soulagerais bien pour toutes ces petites [20]
choses. Je t'ai acheté un ensemble ce mois-ci, je te paye vingt
francs par jour, je te paye le loyer et toi, tu prends le café
l'après-midi avec tes amies. Tu leur donnes le café et le
sucre. Moi, je te donne l'argent. J'ai bien agi avec toi et tu

---

[18] pour autant dire as a matter of fact
[19] il y avait de la tromperie she was cheating on me
[20] juste de quoi vivre just enough to live on
[21] vingt francs. *Twenty francs, before the second world war, was ap-
proximately seventy-five cents, but had a greater purchasing power.*
[22] que c'était juste, qu'elle n'arrivait pas that it was too close, that she
couldn't manage
[23] Pourquoi tu travailles pas *colloquial for* Pourquoi ne travailles-tu pas

me le rends mal.» Mais elle ne travaillait pas, elle disait toujours qu'elle n'arrivait pas et c'est comme ça que je me suis aperçu qu'il y avait de la tromperie.»

Il m'a alors raconté qu'il avait trouvé un billet de loterie 5 dans son sac et qu'elle n'avait pas pu lui expliquer comment elle l'avait acheté. Un peu plus tard, il avait trouvé chez elle une «indication» du Mont-de-Piété [24] qui prouvait qu'elle avait engagé deux bracelets. Jusque-là, il ignorait l'existence de ces bracelets. «J'ai bien vu qu'il y avait de la 10 tromperie. Alors, je l'ai quittée. Mais d'abord, je l'ai tapée. Et puis, je lui ai dit ses vérités. Comme je lui ai dit, vous comprenez, Monsieur Meursault: «Tu ne vois pas que le monde il est jaloux du bonheur que je te donne. Tu connaîtras plus tard le bonheur que tu avais.»

15 Il l'avait battue jusqu'au sang. Auparavant, il ne la battait pas. «Je la tapais, mais tendrement pour ainsi dire. Elle criait un peu. Je fermais les volets et ça finissait comme toujours. Mais maintenant, c'est sérieux. Et pour moi, je l'ai pas assez punie.»

20 Il m'a expliqué alors que c'était pour cela qu'il avait besoin d'un conseil. Il s'est arrêté pour régler la mèche de la lampe qui charbonnait. Moi, je l'écoutais toujours. J'avais bu près d'un litre[25] de vin et j'avais très chaud aux tempes. Je fumais les cigarettes de Raymond parce qu'il ne m'en restait plus. 25 Les derniers trams passaient et emportaient avec eux les bruits maintenant lointains du faubourg. Raymond a continué. Il voulait la punir. Il avait d'abord pensé à l'emmener dans un hôtel et à appeler les «mœurs»[26] pour causer un

[24] une «indication» du Mont-de-Piété a pawn ticket
[25] un litre *a liquid measure in the metric system, roughly equivalent to a quart*
[26] les «mœurs» the vice squad (la police des mœurs)

scandale et la faire mettre en carte.[27] Ensuite, il s'était
adressé à des amis qu'il avait dans le milieu.[28] Ils n'avaient
rien trouvé. Et comme me le faisait remarquer Raymond,
c'était bien la peine d'être du milieu.[29] Il le leur avait dit et
ils avaient alors proposé de la «marquer».[30] Mais ce n'était 5
pas ce qu'il voulait. Il allait réfléchir. Mais il voulait d'abord
me demander quelque chose. D'ailleurs, avant de me le demander, il voulait savoir ce que je pensais de cette histoire.
J'ai répondu que je n'en pensais rien mais que c'était intéressant. Il m'a demandé si je pensais qu'il y avait de la trom- 10
perie, et moi, il me semblait bien qu'il y avait de la tromperie, si je trouvais qu'on devait la punir et ce que je ferais
à sa place, je lui ai dit qu'on ne pouvait jamais savoir, mais
je comprenais qu'il veuille la punir.[31] J'ai encore bu un peu
de vin. Il a allumé une cigarette et il m'a découvert son idée. 15
Il voulait lui écrire une lettre «avec des coups de pied et en
même temps des choses pour la faire regretter». Après,
quand elle reviendrait, il lui cracherait à la figure et il la
mettrait dehors. J'ai trouvé qu'en effet, de cette façon, elle
serait punie. Mais Raymond m'a dit qu'il ne se sentait pas 20
capable de faire la lettre qu'il fallait et qu'il avait pensé à
moi pour la rédiger. Comme je ne disais rien, il m'a demandé si cela m'ennuierait de le faire tout de suite et j'ai
répondu que non.

Il s'est alors levé après avoir bu un verre de vin. Il a re- 25
poussé les assiettes et le peu de boudin froid que nous avions

[27] la faire mettre en carte have her listed as a common prostitute
[28] le milieu the underworld (*colloquial*)
[29] c'était bien la peine d'être du milieu being in the underworld wasn't
of much help
[30] «marquer» to brand
[31] je comprenais qu'il veuille la punir I quite understood his wanting
to punish her (veuille *is present subjunctive: that he should wish*)

laissé. Il a soigneusement essuyé la toile cirée de la table.
Il a pris dans un tiroir de sa table de nuit une feuille de
papier quadrillé,[32] une enveloppe jaune, un petit porte-plume
de bois rouge et un encrier carré d'encre violette. Quand il
5 m'a dit le nom de la femme, j'ai vu que c'était une Mauresque. J'ai fait la lettre. Je l'ai écrite un peu au hasard, mais je
me suis appliqué à contenter Raymond parce que je n'avais
pas de raison de ne pas le contenter. Puis j'ai lu la lettre à
haute voix. Il m'a écouté en fumant et en hochant la tête,[33]
10 puis il m'a demandé de la relire. Il a été tout à fait content.
Il m'a dit: «Je savais bien que tu connaissais la vie.» Je ne
me suis pas aperçu d'abord qu'il me tutoyait.[34] C'est seulement quand il m'a déclaré: «Maintenant, tu es un vrai copain», que cela m'a frappé. Il a répété sa phrase et j'ai dit:
15 «Oui.» Cela m'était égal d'être son copain et il avait vraiment l'air d'en avoir envie. Il a cacheté la lettre et nous
avons fini le vin. Puis nous sommes restés un moment à
fumer sans rien dire. Au dehors, tout était calme, et nous
avons entendu le glissement d'une auto qui passait. J'ai dit:
20 «Il est tard.» Raymond le pensait aussi. Il a remarqué que
le temps passait vite et, dans un sens, c'était vrai. J'avais
sommeil, mais j'avais de la peine à me lever. J'ai dû avoir
l'air fatigué parce que Raymond m'a dit qu'il ne fallait pas
se laisser aller.[35] D'abord, je n'ai pas compris. Il m'a expliqué
25 alors qu'il avait appris la mort de maman mais que c'était
une chose qui devait arriver un jour ou l'autre. C'était aussi
mon avis.

Je me suis levé, Raymond m'a serré la main très fort et

---

[32] papier quadrillé cheap writing paper (*ruled in squares*)
[33] en hochant la tête nodding his head
[34] il me tutoyait he was using the familiar *tu* form to me
[35] il ne fallait pas se laisser aller I mustn't let things get me down

m'a dit qu'entre hommes on se comprenait toujours. En sortant de chez lui, j'ai refermé la porte et je suis resté un moment dans le noir, sur le palier. La maison était calme et des profondeurs de la cage d'escalier montait un souffle obscur et humide. Je n'entendais que les coups de mon sang qui s bourdonnait à mes oreilles. Je suis resté immobile. Mais dans la chambre du vieux Salamano, le chien a gémi sourdement.

4

J'ai bien travaillé toute la semaine. Raymond est venu et m'a dit qu'il avait envoyé la lettre. Je suis allé au cinéma deux fois avec Emmanuel qui ne comprend pas toujours ce qui se passe sur l'écran. Il faut alors lui donner des explications.

5 Hier, c'était samedi et Marie est venue, comme nous en étions convenus. J'ai eu très envie d'elle parce qu'elle avait une belle robe à raies rouges et blanches et des sandales de cuir. On devinait ses seins durs et le brun du soleil lui faisait un visage de fleur. Nous avons pris un autobus et nous

10 sommes allés à quelques kilomètres d'Alger, sur une plage resserrée entre des rochers et bordée de roseaux du côté de la terre. Le soleil de quatre heures n'était pas trop chaud, mais l'eau était tiède, avec de petites vagues longues et paresseuses. Marie m'a appris un jeu. Il fallait, en nageant, boire

15 à la crête des vagues, accumuler dans sa bouche toute l'écume et se mettre ensuite sur le dos pour la projeter contre le ciel. Cela faisait alors une dentelle mousseuse qui disparaissait dans l'air ou me retombait en pluie tiède sur le visage. Mais

au bout de quelque temps, j'avais la bouche brûlée par
l'amertume du sel. Marie m'a rejoint alors et s'est collée à
moi dans l'eau. Elle a mis sa bouche contre la mienne. Sa
langue rafraîchissait mes lèvres et nous nous sommes roulés
dans les vagues pendant un moment.   5
Quand nous nous sommes rhabillés sur la plage, Marie me
regardait avec des yeux brillants. Je l'ai embrassée. A partir
de ce moment, nous n'avons plus parlé. Je l'ai tenue contre
moi et nous avons été pressés de trouver un autobus, de
rentrer, d'aller chez moi et de nous jeter sur mon lit. J'avais 10
laissé ma fenêtre ouverte et c'était bon de sentir la nuit d'été
couler sur nos corps bruns.
   Ce matin, Marie est restée et je lui ai dit que nous déjeu-
nerions ensemble. Je suis descendu pour acheter de la
viande. En remontant, j'ai entendu une voix de femme dans 15
la chambre de Raymond. Un peu après, le vieux Salamano
a grondé son chien, nous avons entendu un bruit de semelles
et de griffes sur les marches en bois de l'escalier et puis:
«Salaud, charogne», ils sont sortis dans la rue. J'ai raconté
à Marie l'histoire du vieux et elle a ri. Elle avait un de mes 20
pyjamas dont elle avait retroussé les manches. Quand elle a
ri, j'ai eu encore envie d'elle. Un moment après, elle m'a
demandé si je l'aimais. Je lui ai répondu que cela ne voulait rien dire, mais qu'il me semblait que non. Elle a eu l'air
triste. Mais en préparant le déjeuner, et à propos de rien, 25
elle a encore ri de telle façon que je l'ai embrassée. C'est à
ce moment que les bruits d'une dispute ont éclaté chez Raymond.
   On a d'abord entendu une voix aiguë de femme et puis
Raymond qui disait: «Tu m'as manqué,[1] tu m'as manqué. 30
Je vais t'apprendre à me manquer.» Quelques bruits sourds
et la femme a hurlé, mais de si terrible façon qu'immédiate-

[1] Tu m'as manqué You let me down

ment le palier s'est empli de monde. Marie et moi nous sommes sortis aussi. La femme criait toujours et Raymond frappait toujours. Marie m'a dit que c'était terrible et je n'ai rien répondu. Elle m'a demandé d'aller chercher un
5 agent, mais je lui ai dit que je n'aimais pas les agents. Pourtant, il en est arrivé un avec le locataire du deuxième qui est plombier. Il a frappé à la porte et on n'a plus rien entendu. Il a frappé plus fort et au bout d'un moment, la femme a pleuré et Raymond a ouvert. Il avait une cigarette
10 à la bouche et l'air doucereux. La fille s'est précipitée à la porte et a déclaré à l'agent que Raymond l'avait frappée. «Ton nom», a dit l'agent. Raymond a répondu. «Enlève ta cigarette de la bouche quand tu me parles», a dit l'agent. Raymond a hésité, m'a regardé et a tiré sur sa cigarette. A
15 ce moment, l'agent l'a giflé à toute volée d'une claque épaisse et lourde, en pleine joue.[2] La cigarette est tombée quelques mètres plus loin. Raymond a changé de visage, mais il n'a rien dit sur le moment et puis il a demandé d'une voix humble s'il pouvait ramasser son mégot. L'agent
20 a déclaré qu'il le pouvait et il a ajouté: «Mais la prochaine fois tu sauras qu'un agent n'est pas un guignol.» Pendant ce temps, la fille pleurait et elle a répété: «Il m'a tapée. C'est un maquereau.»—«Monsieur l'agent, a demandé alors Raymond, c'est dans la loi, ça,[3] de dire maquereau à un
25 homme?» Mais l'agent lui a ordonné «de fermer sa gueule».[4] Raymond s'est alors retourné vers la fille et il lui a dit: «Attends, petite, on se retrouvera.» L'agent lui a dit de fermer ça,[4] que la fille devait partir et lui rester dans

[2] l'agent l'a giflé . . . en pleine joue *the policeman swung his arm sharply and gave him a good hard smack right on the cheek*
[3] c'est dans la loi, ça *does the law allow that?*
[4] de fermer sa gueule . . . de fermer ça. *Both expressions, which are colloquial and forceful, mean to "shut up."*

sa chambre en attendant d'être convoqué au commissariat.
Il a ajouté que Raymond devrait avoir honte d'être soûl au
point de trembler comme il le faisait. A ce moment, Raymond lui a expliqué: «Je ne suis pas soûl, monsieur l'agent.
Seulement, je suis là, devant vous, et je tremble, c'est forcé.»[5] 5
Il a fermé sa porte et tout le monde est parti. Marie et moi
avons fini de préparer le déjeuner. Mais elle n'avait pas faim,
j'ai presque tout mangé. Elle est partie à une heure et j'ai
dormi un peu.

Vers trois heures, on a frappé à ma porte et Raymond est 10
entré. Je suis resté couché. Il s'est assis sur le bord de mon
lit. Il est resté un moment sans parler et je lui ai demandé
comment son affaire s'était passée. Il m'a raconté qu'il avait
fait ce qu'il voulait mais qu'elle lui avait donné une gifle et
qu'alors il l'avait battue. Pour le reste, je l'avais vu. Je lui 15
ai dit qu'il me semblait que maintenant elle était punie et
qu'il devait être content. C'était aussi son avis, et il a observé
que l'agent avait beau faire,[6] il ne changerait rien aux coups
qu'elle avait reçus. Il a ajouté qu'il connaissait bien les agents
et qu'il savait comment il fallait s'y prendre avec eux.[7] Il 20
m'a demandé alors si j'avais attendu qu'il réponde à la
gifle de l'agent.[8] J'ai répondu que je n'attendais rien du tout
et que d'ailleurs je n'aimais pas les agents. Raymond a eu
l'air très content. Il m'a demandé si je voulais sortir avec
lui. Je me suis levé et j'ai commencé à me peigner. Il m'a 25
dit qu'il fallait que je lui serve de témoin. Moi, cela m'était
égal, mais je ne savais pas ce que je devais dire. Selon Ray-

---

[5] c'est forcé I can't help it
[6] l'agent avait beau faire no matter what the policeman did
[7] qu'il savait . . . s'y prendre avec eux that he knew how to handle
them
[8] si j'avais attendu . . . la gifle de l'agent if I had expected him to
hit the policeman back

mond, il suffisait de déclarer que la fille lui avait manqué.
J'ai accepté de lui servir de témoin.

Nous sommes sortis et Raymond m'a offert une fine.[9]
Puis il a voulu faire une partie de billard et j'ai perdu de
5 justesse.[10] Il voulait ensuite aller au bordel, mais j'ai dit non
parce que je n'aime pas ça. Alors nous sommes rentrés doucement et il me disait combien il était content d'avoir réussi
à punir sa maîtresse. Je le trouvais très gentil avec moi et j'ai
pensé que c'était un bon moment.

10 De loin, j'ai aperçu sur le pas de la porte le vieux Salamano qui avait l'air agité. Quand nous nous sommes rapprochés, j'ai vu qu'il n'avait pas son chien. Il regardait de
tous les côtés, tournait sur lui-même, tentait de percer le noir
du couloir, marmonnait des mots sans suite et recommençait
15 à fouiller la rue de ses petits yeux rouges. Quand Raymond
lui a demandé ce qu'il avait, il n'a pas répondu tout de suite.
J'ai vaguement entendu qu'il murmurait: «Salaud, charogne», et il continuait à s'agiter. Je lui ai demandé où était
son chien. Il m'a répondu brusquement qu'il était parti. Et
20 puis tout d'un coup, il a parlé avec volubilité: «Je l'ai emmené au Champ de Manœuvres, comme d'habitude. Il y
avait du monde, autour des baraques foraines.[11] Je me suis
arrêté pour regarder «le Roi de l'Évasion».[12] Et quand j'ai
voulu repartir, il n'était plus là. Bien sûr, il y a longtemps
25 que je voulais lui acheter un collier moins grand. Mais

[9] une fine a brandy (Fine *is elliptical for* fine **champagne,** *which is a
Cognac brandy of superior quality.*)
[10] j'ai perdu de justesse I lost by a close score
[11] baraques foraines booths of the itinerant fair
[12] «le Roi de l'Évasion» "the King of Escape Artists" (*one of the at-
tractions of the street fair*)

je n'aurais jamais cru que cette charogne pourrait partir comme ça.»

Raymond lui a expliqué alors que le chien avait pu s'égarer et qu'il allait revenir. Il lui a cité des exemples de chiens qui avaient fait des dizaines de kilomètres pour re- 5 trouver leur maître. Malgré cela, le vieux a eu l'air plus agité. «Mais ils me le prendront, vous comprenez. Si encore quelqu'un le recueillait. Mais ce n'est pas possible, il dégoûte tout le monde avec ses croûtes. Les agents le prendront, c'est sûr.» Je lui ai dit alors qu'il devait aller à la fourrière et 10 qu'on le lui rendrait moyennant le paiement de quelques droits.[13] Il m'a demandé si ces droits étaient élevés. Je ne savais pas. Alors, il s'est mis en colère: «Donner de l'argent pour cette charogne. Ah! il peut bien crever!»[14] Et il s'est mis à l'insulter. Raymond a ri et a pénétré dans la maison. Je 15 l'ai suivi et nous nous sommes quittés sur le palier de l'étage. Un moment après, j'ai entendu le pas du vieux et il a frappé à ma porte. Quand j'ai ouvert, il est resté un moment sur le seuil et il m'a dit: «Excusez-moi, excusez-moi.» Je l'ai invité à entrer, mais il n'a pas voulu.[15] Il regardait la pointe de ses 20 souliers et ses mains croûteuses tremblaient. Sans me faire face, il m'a demandé: «Ils ne vont pas me le prendre, dites, Monsieur Meursault. Ils vont me le rendre. Ou qu'est-ce que je vais devenir?» Je lui ai dit que la fourrière gardait les chiens trois jours à la disposition de leurs propriétaires et 25 qu'ensuite elle en faisait ce que bon lui semblait.[16] Il m'a

---

[13] moyennant le paiement de quelques droits on payment of the charges
[14] Ah! il peut bien crever! Just let him die!
[15] il n'a pas voulu he refused
[16] elle en faisait ce que bon lui semblait they (*the people in charge of the pound*) disposed of them as they saw fit

regardé en silence. Puis il m'a dit: «Bonsoir.» Il a fermé sa
porte et je l'ai entendu aller et venir. Son lit a craqué. Et au
bizarre petit bruit qui a traversé la cloison, j'ai compris qu'il
pleurait. Je ne sais pas pourquoi j'ai pensé à maman. Mais
5 il fallait que je me lève tôt le lendemain. Je n'avais pas faim
et je me suis couché sans dîner.

5

Raymond m'a téléphoné au bureau. Il m'a dit qu'un de ses amis (il lui avait parlé de moi) m'invitait à passer la journée de dimanche dans son cabanon, près d'Alger. J'ai répondu que je le voulais bien,[1] mais que j'avais promis ma journée à une amie. Raymond m'a tout de suite déclaré qu'il l'invi- 5 tait aussi. La femme de son ami serait très contente de ne pas être seule au milieu d'un groupe d'hommes.

J'ai voulu raccrocher tout de suite parce que je sais que le patron n'aime pas qu'on nous téléphone de la ville. Mais Raymond m'a demandé d'attendre et il m'a dit qu'il aurait 10 pu me transmettre cette invitation le soir, mais qu'il voulait m'avertir d'autre chose. Il avait été suivi toute la journée par un groupe d'Arabes parmi lesquels se trouvait le frère de son ancienne maîtresse. «Si tu le vois près de la maison ce soir en rentrant, avertis-moi.» J'ai dit que c'était entendu.   15

Peu après, le patron m'a fait appeler et sur le moment j'ai

[1] **je le voulais bien** I would be glad to (*literally:* I was quite willing)

été ennuyé parce que j'ai pensé qu'il allait me dire de moins téléphoner et de mieux travailler. Ce n'était pas cela du tout. Il m'a déclaré qu'il allait me parler d'un projet encore très vague. Il voulait seulement avoir mon avis sur la question.
5 Il avait l'intention d'installer un bureau à Paris qui traiterait ses affaires sur la place, et directement, avec les grandes compagnies et il voulait savoir si j'étais disposé à y aller. Cela me permettrait de vivre à Paris et aussi de voyager une partie de l'année. «Vous êtes jeune, et il me semble que c'est une
10 vie qui doit vous plaire.» J'ai dit que oui mais que dans le fond cela m'était égal. Il m'a demandé alors si je n'étais pas intéressé par un changement de vie. J'ai répondu qu'on ne changeait jamais de vie, qu'en tout cas toutes se valaient et que la mienne ici ne me déplaisait pas du tout. Il a eu l'air
15 mécontent, m'a dit que je répondais toujours à côté,[2] que je n'avais pas d'ambition et que cela était désastreux dans les affaires. Je suis retourné travailler alors. J'aurais préféré ne pas le mécontenter, mais je ne voyais pas de raison pour changer ma vie. En y réfléchissant bien, je n'étais pas mal-
20 heureux. Quand j'étais étudiant, j'avais beaucoup d'ambitions de ce genre. Mais quand j'ai dû abandonner mes études, j'ai très vite compris que tout cela était sans importance réelle.[3]

Le soir, Marie est venue me chercher et m'a demandé si
25 je voulais me marier avec elle. J'ai dit que cela m'était égal et que nous pourrions le faire si elle le voulait. Elle a voulu savoir alors si je l'aimais. J'ai répondu comme je l'avais déjà fait une fois, que cela ne signifiait rien mais que sans

---

[2] à côté evasively
[3] Quand j'étais étudiant . . . sans importance réelle. *This is one of the rare passages in the book which throw some light on Meursault's past and help to explain how he has become the "étranger."*

doute je ne l'aimais pas. «Pourquoi m'épouser alors?» a-t-elle dit. Je lui ai expliqué que cela n'avait aucune importance et que si elle le désirait, nous pouvions nous marier. D'ailleurs, c'était elle qui le demandait et moi je me contentais de dire oui. Elle a observé alors que le mariage était une chose grave. 5 J'ai répondu: «Non.» Elle s'est tue un moment et elle m'a regardé en silence. Puis elle a parlé. Elle voulait simplement savoir si j'aurais accepté la même proposition venant d'une autre femme, à qui je serais attaché de la même façon. J'ai dit: «Naturellement.» Elle s'est demandé alors si elle m'ai- 10 mait et moi, je ne pouvais rien savoir sur ce point. Après un autre moment de silence, elle a murmuré que j'étais bizarre, qu'elle m'aimait sans doute à cause de cela mais que peut-être un jour je la dégoûterais pour les mêmes raisons. Comme je me taisais, n'ayant rien à ajouter, elle m'a pris le 15 bras en souriant et elle a déclaré qu'elle voulait se marier avec moi. J'ai répondu que nous le ferions dès qu'elle le voudrait. Je lui ai parlé alors de la proposition du patron et Marie m'a dit qu'elle aimerait connaître Paris. Je lui ai appris que j'y avais vécu dans un temps et elle m'a demandé 20 comment c'était. Je lui ai dit: «C'est sale. Il y a des pigeons et des cours noires. Les gens ont la peau blanche.»[4]

Puis nous avons marché et traversé la ville par ses grandes rues. Les femmes étaient belles et j'ai demandé à Marie si elle le remarquait. Elle m'a dit que oui et qu'elle me com- 25 prenait. Pendant un moment, nous n'avons plus parlé. Je voulais cependant qu'elle reste avec moi et je lui ai dit que nous pouvions dîner ensemble chez Céleste. Elle en avait bien envie, mais elle avait à faire. Nous étions près de chez moi et je lui ai dit au revoir. Elle m'a regardé: «Tu ne veux 30

---

[4] la peau blanche *pale skin. In Algiers, with its Mediterranean climate, most people are deeply sun-tanned.*

pas savoir ce que j'ai à faire?» Je voulais bien le savoir, mais
je n'y avais pas pensé et c'est ce qu'elle avait l'air de me
reprocher. Alors, devant mon air empêtré, elle a encore ri et
elle a eu vers moi un mouvement de tout le corps pour me
5 tendre sa bouche.

J'ai dîné chez Céleste. J'avais déjà commencé à manger
lorsqu'il est entré une bizarre petite femme qui m'a demandé si elle pouvait s'asseoir à ma table. Naturellement,
elle le pouvait. Elle avait des gestes saccadés et des yeux
10 brillants dans une petite figure de pomme. Elle s'est débar-
rassée de sa jaquette, s'est assise et a consulté fiévreusement
la carte. Elle a appelé Céleste et a commandé immédiatement tous ses plats d'une voix à la fois précise et précipitée.
En attendant les hors-d'œuvre, elle a ouvert son sac, en a
15 sorti un petit carré de papier et un crayon, a fait d'avance
l'addition, puis a tiré d'un gousset, augmentée du pourboire,
la somme exacte qu'elle a placée devant elle. A ce moment,
on lui a apporté des hors-d'œuvre qu'elle a engloutis à toute
vitesse. En attendant le plat suivant, elle a encore sorti de
20 son sac un crayon bleu et un magazine qui donnait les programmes radiophoniques de la semaine. Avec beaucoup de
soin, elle a coché une à une presque toutes les émissions.
Comme le magazine avait une douzaine de pages, elle a
continué ce travail méticuleusement pendant tout le repas.
25 J'avais déjà fini qu'elle cochait encore avec la même application.[5] Puis elle s'est levée, a remis sa jaquette avec les mêmes
gestes précis d'automate et elle est partie. Comme je n'avais
rien à faire, je suis sorti aussi et je l'ai suivie un moment.
Elle s'était placée sur la bordure du trottoir et avec une
30 vitesse et une sûreté incroyables, elle suivait son chemin sans

[5] *J'avais déjà fini . . .* application When I had already finished, she
was still checking off items with the same studious attention

dévier et sans se retourner. J'ai fini par la perdre de vue et par revenir sur mes pas. J'ai pensé qu'elle était bizarre, mais je l'ai oubliée assez vite.

Sur le pas de ma porte, j'ai trouvé le vieux Salamano. Je l'ai fait entrer et il m'a appris que son chien était perdu, car **5** il n'était pas à la fourrière. Les employés lui avaient dit que, peut-être, il avait été écrasé. Il avait demandé s'il n'était pas possible de le savoir dans les commissariats. On lui avait répondu qu'on ne gardait pas trace de ces choses-là, parce qu'elles arrivaient tous les jours. J'ai dit au vieux Salamano **10** qu'il pourrait avoir un autre chien, mais il a eu raison de me faire remarquer qu'il était habitué à celui-là.

J'étais accroupi sur mon lit et Salamano s'était assis sur une chaise devant la table. Il me faisait face et il avait ses deux mains sur les genoux. Il avait gardé son vieux feutre. **15** Il mâchonnait des bouts de phrases sous sa moustache jaunie. Il m'ennuyait un peu, mais je n'avais rien à faire et je n'avais pas sommeil. Pour dire quelque chose, je l'ai interrogé sur son chien. Il m'a dit qu'il l'avait eu après la mort de sa femme. Il s'était marié assez tard. Dans sa jeunesse, il avait **20** eu envie de faire du théâtre: au régiment il jouait dans les vaudevilles militaires. Mais finalement, il était entré dans les chemins de fer et il ne le regrettait pas, parce que maintenant il avait une petite retraite. Il n'avait pas été heureux avec sa femme, mais dans l'ensemble, il s'était bien habitué **25** à elle. Quand elle était morte, il s'était senti très seul. Alors, il avait demandé un chien à un camarade d'atelier et il avait eu celui-là très jeune. Il avait fallu le nourrir au biberon. Mais comme un chien vit moins qu'un homme, ils avaient fini par être vieux ensemble. «Il avait mauvais caractère, m'a dit **30** Salamano. De temps en temps, on avait des prises de bec.⁶

⁶on avait des prises de bec we used to have our set-tos

Mais c'était un bon chien quand même.» J'ai dit qu'il était
de belle race et Salamano a eu l'air content. «Et encore, a-t-il
ajouté, vous ne l'avez pas connu avant sa maladie. C'était
le poil qu'il avait de plus beau.» Tous les soirs et tous les
5 matins, depuis que le chien avait eu cette maladie de peau,
Salamano le passait à la pommade.[7] Mais selon lui, sa vraie
maladie, c'était la vieillesse, et la vieillesse ne se guérit pas.
A ce moment, j'ai bâillé et le vieux m'a annoncé qu'il
allait partir. Je lui ai dit qu'il pouvait rester, et que j'étais
10 ennuyé de ce qui était arrivé à son chien: il m'a remercié. Il
m'a dit que maman aimait beaucoup son chien. En parlant
d'elle, il l'appelait «votre pauvre mère». Il a émis la supposition que je devais être bien malheureux depuis que
maman était morte et je n'ai rien répondu. Il m'a dit alors,
15 très vite et avec un air gêné, qu'il savait que dans le quartier on m'avait mal jugé parce que j'avais mis ma mère à
l'asile, mais il me connaissait et il savait que j'aimais beaucoup maman. J'ai répondu, je ne sais pas encore pourquoi,
que j'ignorais jusqu'ici qu'on me jugeât mal à cet égard,[8]
20 mais que l'asile m'avait paru une chose naturelle puisque
je n'avais pas assez d'argent pour faire garder maman.[9]
«D'ailleurs, ai-je ajouté, il y avait longtemps qu'elle n'avait
rien à me dire et qu'elle s'ennuyait toute seule.[10]—Oui,
m'a-t-il dit, et à l'asile, du moins, on se fait des camarades.»
25 Puis il s'est excusé. Il voulait dormir. Sa vie avait changé
maintenant et il ne savait pas trop ce qu'il allait faire. Pour
la première fois depuis que je le connaissais, d'un geste

[7] le passait à la pommade rubbed him with ointment
[8] que j'ignorais . . . à cet égard that I didn't know, up to now, that
people criticized me on that score
[9] pour faire garder maman to pay someone to look after Mother
[10] «D'ailleurs . . . toute seule.» "Besides," I added, "for a long time
she'd had nothing to talk to me about and she was bored and lonely."

furtif, il m'a tendu la main et j'ai senti les écailles de sa
peau. Il a souri un peu et avant de partir, il m'a dit:
«J'espère que les chiens n'aboieront pas cette nuit. Je crois
toujours que c'est le mien.»

6

Le dimanche, j'ai eu de la peine à me réveiller et il a fallu
que Marie m'appelle et me secoue. Nous n'avons pas mangé
parce que nous voulions nous baigner tôt. Je me sentais tout
à fait vide et j'avais un peu mal à la tête. Ma cigarette avait
5 un goût amer. Marie s'est moquée de moi parce qu'elle disait
que j'avais «une tête d'enterrement».[1] Elle avait mis une
robe de toile blanche et lâché ses cheveux. Je lui ai dit
qu'elle était belle, elle a ri de plaisir.

En descendant, nous avons frappé à la porte de Raymond.
10 Il nous a répondu qu'il descendait. Dans la rue, à cause de
ma fatigue et aussi parce que nous n'avions pas ouvert les
persiennes, le jour, déjà tout plein de soleil, m'a frappé
comme une gifle.[2] Marie sautait de joie et n'arrêtait pas de
dire qu'il faisait beau. Je me suis senti mieux et je me suis

[1] que j'avais «une tête d'enterrement» that I looked like a mourner at
a funeral
[2] le jour, déjà tout plein de soleil . . . une gifle. *The intense, blinding
sunlight, here mentioned for the first time, will play a crucial role in
this climactic chapter.*

aperçu que j'avais faim. Je l'ai dit à Marie qui m'a montré son sac en toile cirée où elle avait mis nos deux maillots et une serviette. Je n'avais plus qu'à attendre et nous avons entendu Raymond fermer sa porte. Il avait un pantalon bleu et une chemise blanche à manches courtes. Mais il avait mis 5 un canotier, ce qui a fait rire Marie, et ses avant-bras étaient très blancs sous les poils noirs. J'en étais un peu dégoûté. Il sifflait en descendant et il avait l'air très content. Il m'a dit: «Salut, vieux»,[3] et il a appelé Marie «Mademoiselle».

La veille nous étions allés au commissariat et j'avais 10 témoigné que la fille avait «manqué» à Raymond. Il en a été quitte pour un avertissement.[4] On n'a pas contrôlé mon affirmation. Devant la porte, nous en avons parlé avec Raymond, puis nous avons décidé de prendre l'autobus. La plage n'était pas très loin, mais nous irions plus vite ainsi. Ray- 15 mond pensait que son ami serait content de nous voir arriver tôt. Nous allions partir quand Raymond, tout d'un coup, m'a fait signe de regarder en face. J'ai vu un groupe d'Arabes adossés à la devanture du bureau de tabac. Ils nous regardaient en silence, mais à leur manière, ni plus ni moins 20 que si nous étions des pierres ou des arbres morts. Raymond m'a dit que le deuxième à partir de la gauche était son type[5] et il a eu l'air préoccupé. Il a ajouté que, pourtant, c'était maintenant une histoire finie. Marie ne comprenait pas très bien et nous a demandé ce qu'il y avait.[6] Je lui ai dit 25 que c'étaient des Arabes qui en voulaient à Raymond. Elle a voulu qu'on parte tout de suite. Raymond s'est redressé et il a ri tout de suite en disant qu'il fallait se dépêcher.

Nous sommes allés vers l'arrêt d'autobus qui était un peu

[3] Salut, vieux Hello, old man
[4] Il en a été quitte pour un avertissement He got off with a warning
[5] son type his man
[6] ce qu'il y avait what was the matter

plus loin et Raymond m'a annoncé que les Arabes ne nous suivaient pas. Je me suis retourné. Ils étaient toujours à la même place et ils regardaient avec la même indifférence l'endroit que nous venions de quitter. Nous avons pris l'auto-
5 bus. Raymond, qui paraissait tout à fait soulagé, n'arrêtait pas de faire des plaisanteries pour Marie. J'ai senti qu'elle lui plaisait, mais elle ne lui répondait presque pas. De temps en temps, elle le regardait en riant.

Nous sommes descendus dans la banlieue d'Alger. La
10 plage n'est pas loin de l'arrêt d'autobus. Mais il a fallu traverser un petit plateau qui domine la mer et qui dévale ensuite vers la plage. Il était couvert de pierres jaunâtres et d'asphodèles tout blancs sur le bleu déjà dur du ciel. Marie s'amusait à en éparpiller les pétales à grands coups de son sac de toile
15 cirée. Nous avons marché entre des files de petites villas à barrières vertes ou blanches, quelques-unes enfouies avec leurs vérandas sous les tamaris, quelques autres nues au milieu des pierres. Avant d'arriver au bord du plateau, on pouvait voir déjà la mer immobile et plus loin un cap som-
20 nolent et massif dans l'eau claire. Un léger bruit de moteur est monté dans l'air calme jusqu'à nous. Et nous avons vu, très loin, un petit chalutier qui avançait, imperceptiblement dans la mer éclatante. Marie a cueilli quelques petits iris de roche. De la pente qui descendait vers la mer nous avons vu
25 qu'il y avait déjà quelques baigneurs.

L'ami de Raymond habitait un petit cabanon de bois à l'extrémité de la plage. La maison était adossée à des rochers et les pilotis qui la soutenaient sur le devant baignaient déjà dans l'eau. Raymond nous a présentés. Son ami
30 s'appelait Masson. C'était un grand type, massif de taille et d'épaules, avec une petite femme ronde et gentille, à l'accent parisien. Il nous a dit tout de suite de nous mettre à l'aise

et qu'il y avait une friture de poissons qu'il avait pêchés le matin même. Je lui ai dit combien je trouvais sa maison jolie. Il m'a appris qu'il y venait passer le samedi, le dimanche et tous ses jours de congé. «Avec ma femme, on s'entend bien»,[7] a-t-il ajouté. Justement, sa femme riait avec Marie. 5 Pour la première fois peut-être, j'ai pensé vraiment que j'allais me marier.

Masson voulait se baigner, mais sa femme et Raymond ne voulaient pas venir. Nous sommes descendus tous les trois et Marie s'est immédiatement jetée dans l'eau. Masson 10 et moi, nous avons attendu un peu. Lui parlait lentement et j'ai remarqué qu'il avait l'habitude de compléter tout ce qu'il avançait par un «et je dirai plus», même quand, au fond, il n'ajoutait rien au sens de sa phrase. A propos de Marie, il m'a dit: «Elle est épatante, et je dirai plus, charmante.» Puis 15 je n'ai plus fait attention à ce tic parce que j'étais occupé à éprouver que le soleil me faisait du bien. Le sable commençait à chauffer sous les pieds. J'ai retardé encore l'envie que j'avais de l'eau, mais j'ai fini par dire à Masson: «On y va?»[8] J'ai plongé. Lui est entré dans l'eau doucement et s'est jeté 20 quand il a perdu pied. Il nageait à la brasse[9] et assez mal, de sorte que je l'ai laissé pour rejoindre Marie. L'eau était froide et j'étais content de nager. Avec Marie, nous nous sommes éloignés[10] et nous nous sentions d'accord dans nos gestes et dans notre contentement. 25
Au large, nous avons fait la planche[11] et sur mon visage

[7] Avec ma femme, on s'entend bien We get along, my wife and I.
[8] On y va? Shall we jump in?
[9] Il nageait à la brasse He was doing the breast stroke
[10] Avec Marie, nous nous sommes éloignés Marie and I swam a long way out
[11] Au large . . . fait la planche When we were out in the open, we floated on our backs

tourné vers le ciel, le soleil écartait les derniers voiles d'eau qui me coulaient dans la bouche. Nous avons vu que Masson regagnait la plage pour s'étendre au soleil. De loin, il paraissait énorme. Marie a voulu que nous nagions ensemble. 5 Je me suis mis derrière elle pour la prendre par la taille et elle avançait à la force des bras pendant que je l'aidais en battant des pieds. Le petit bruit de l'eau battue nous a suivis dans le matin jusqu'à ce que je me sente fatigué.[12] Alors j'ai laissé Marie et je suis rentré en nageant régulièrement et en 10 respirant bien. Sur la plage, je me suis étendu à plat ventre près de Masson et j'ai mis ma figure dans le sable. Je lui ai dit que «c'était bon» et il était de cet avis. Peu après, Marie est venue. Je me suis retourné pour la regarder avancer. Elle était toute visqueuse d'eau salée et elle tenait ses cheveux 15 en arrière. Elle s'est allongée flanc à flanc avec moi et les deux chaleurs de son corps et du soleil m'ont un peu endormi.

Marie m'a secoué et m'a dit que Masson était remonté chez lui, il fallait déjeuner. Je me suis levé tout de suite parce 20 que j'avais faim, mais Marie m'a dit que je ne l'avais pas embrassée depuis ce matin. C'était vrai et pourtant j'en avais envie. «Viens dans l'eau», m'a-t-elle dit. Nous avons couru pour nous étaler dans les premières petites vagues. Nous avons fait quelques brasses et elle s'est collée contre moi. J'ai 25 senti ses jambes autour des miennes et je l'ai désirée.

Quand nous sommes revenus, Masson nous appelait déjà. J'ai dit que j'avais très faim et il a déclaré tout de suite à sa femme que je lui plaisais.[13] Le pain était bon, j'ai dévoré ma part de poisson. Il y avait ensuite de la viande et des

---

[12] jusqu'à ce que je me sente fatigué until I felt tired (sente: *present subjunctive, used in informal style instead of the imperfect subjunctive*)
[13] que je lui plaisais that he liked me

pommes de terre frites. Nous mangions tous sans parler.
Masson buvait souvent du vin et il me servait sans arrêt. Au
café, j'avais la tête un peu lourde et j'ai fumé beaucoup.
Masson, Raymond et moi, nous avons envisagé de passer
ensemble le mois d'août[14] à la plage, à frais communs.[15] 5
Marie nous a dit tout d'un coup: «Vous savez quelle heure
il est? Il est onze heures et demie.» Nous étions tous étonnés,
mais Masson a dit qu'on avait mangé très tôt, et que c'était
naturel parce que l'heure du déjeuner c'était l'heure où l'on
avait faim. Je ne sais pas pourquoi cela a fait rire Marie. Je 10
crois qu'elle avait un peu trop bu. Masson m'a demandé
alors si je voulais me promener sur la plage avec lui. «Ma
femme fait toujours la sieste après le déjeuner. Moi, je
n'aime pas ça. Il faut que je marche. Je lui dis toujours que
c'est meilleur pour la santé. Mais après tout, c'est son droit.» 15
Marie a déclaré qu'elle resterait pour aider Mme Masson à
faire la vaisselle. La petite Parisienne a dit que pour cela, il
fallait mettre les hommes dehors. Nous sommes descendus
tous les trois.

Le soleil tombait presque d'aplomb sur le sable et son éclat 20
sur la mer était insoutenable.[16] Il n'y avait plus personne sur
la plage. Dans les cabanons qui bordaient le plateau et qui
surplombaient la mer, on entendait des bruits d'assiettes et
de couverts.[17] On respirait à peine dans la chaleur de pierre
qui montait du sol. Pour commencer, Raymond et Masson 25
ont parlé de choses et de gens que je ne connaissais pas. J'ai
compris qu'il y avait longtemps qu'ils se connaissaient et
qu'ils avaient même vécu ensemble à un moment. Nous

[14] le mois d'août. *French law requires that workers be given annual
paid vacations; most employed people have their vacation in August.*
[15] à frais communs sharing expenses
[16] Le soleil . . . insoutenable. *Cf. note 2 above.*
[17] couverts knives and forks

nous sommes dirigés vers l'eau et nous avons longé la mer.
Quelquefois, une petite vague plus longue que l'autre venait
mouiller nos souliers de toile. Je ne pensais à rien parce que
j'étais à moitié endormi par tout ce soleil sur ma tête nue.
5 A ce moment, Raymond a dit à Masson quelque chose
que j'ai mal entendu. Mais j'ai aperçu en même temps, tout
au bout de la plage et très loin de nous, deux Arabes en bleu
de chauffe[18] qui venaient dans notre direction. J'ai regardé
Raymond et il m'a dit: «C'est lui.» Nous avons continué à
10 marcher. Masson a demandé comment ils avaient pu nous
suivre jusque-là. J'ai pensé qu'ils avaient dû nous voir
prendre l'autobus avec un sac de plage, mais je n'ai rien dit.
Les Arabes avançaient lentement et ils étaient déjà beaucoup plus rapprochés. Nous n'avons pas changé notre allure,
15 mais Raymond a dit: «S'il y a de la bagarre, toi, Masson,
tu prendras le deuxième. Moi, je me charge de mon type.
Toi, Meursault, s'il en arrive un autre, il est pour toi.» J'ai
dit: «Oui» et Masson a mis ses mains dans les poches. Le
sable surchauffé me semblait rouge maintenant. Nous avan-
20 cions d'un pas égal vers les Arabes. La distance entre nous
a diminué régulièrement. Quand nous avons été à quelques
pas les uns des autres, les Arabes se sont arrêtés. Masson et
moi nous avons ralenti notre pas. Raymond est allé tout
droit vers son type. J'ai mal entendu ce qu'il lui a dit, mais
25 l'autre a fait mine de lui donner un coup de tête.[19] Raymond
a frappé alors une première fois et il a tout de suite appelé
Masson. Masson est allé à celui qu'on lui avait désigné et il
a frappé deux fois avec tout son poids. L'Arabe s'est aplati
dans l'eau, la face contre le fond, et il est resté quelques

---

[18] en bleu de chauffe in blue cotton working clothes
[19] a fait mine . . . un coup de tête acted as if he were going to butt
him with his head

secondes ainsi, des bulles crevant à la surface, autour de sa tête. Pendant ce temps, Raymond aussi a frappé et l'autre avait la figure en sang. Raymond s'est retourné vers moi et a dit: «Tu vas voir ce qu'il va prendre.»[20] Je lui ai crié: «Attention, il a un couteau!» Mais déjà Raymond avait les bras ouvert et la bouche tailladée.

Masson a fait un bond en avant. Mais l'autre Arabe s'était relevé et il s'est placé derrière celui qui était armé. Nous n'avons pas osé bouger. Ils ont reculé lentement, sans cesser de nous regarder et de nous tenir en respect avec le couteau. Quand ils ont vu qu'ils avaient assez de champ, ils se sont enfuis très vite, pendant que nous restions cloués sous le soleil et que Raymond tenait serré son bras dégouttant de sang.

Masson a dit immédiatement qu'il y avait un docteur qui passait ses dimanches sur le plateau. Raymond a voulu y aller tout de suite. Mais chaque fois qu'il parlait, le sang de sa blessure faisait des bulles dans sa bouche. Nous l'avons soutenu et nous sommes revenus au cabanon aussi vite que possible. Là, Raymond a dit que ses blessures étaient superficielles et qu'il pouvait aller chez le docteur. Il est parti avec Masson et je suis resté pour expliquer aux femmes ce qui était arrivé. Mme Masson pleurait et Marie était très pâle. Moi, cela m'ennuyait de leur expliquer. J'ai fini par me taire et j'ai fumé en regardant la mer.

Vers une heure et demie, Raymond est revenu avec Masson. Il avait le bras bandé et du sparadrap au coin de la bouche. Le docteur lui avait dit que ce n'était rien, mais Raymond avait l'air très sombre. Masson a essayé de le faire rire. Mais il ne parlait toujours pas. Quand il a dit qu'il descendait sur la plage, je lui ai demandé où il allait. Il m'a

---

[20] **ce qu'il va prendre** what he's going to get

répondu qu'il voulait prendre l'air. Masson et moi avons dit que nous allions l'accompagner. Alors, il s'est mis en colère et nous a insultés. Masson a déclaré qu'il ne fallait pas le contrarier. Moi, je l'ai suivi quand même.

5 Nous avons marché longtemps sur la plage. Le soleil était maintenant écrasant. Il se brisait en morceaux sur le sable et sur la mer.[21] J'ai eu l'impression que Raymond savait où il allait, mais c'était sans doute faux. Tout au bout de la plage, nous sommes arrivés enfin à une petite source qui 10 coulait dans le sable, derrière un gros rocher. Là, nous avons trouvé nos deux Arabes. Ils étaient couchés, dans leurs bleus de chauffe graisseux. Ils avaient l'air tout à fait calmes et presque contents. Notre venue n'a rien changé. Celui qui avait frappé Raymond le regardait sans rien dire. L'autre 15 soufflait dans un petit roseau et répétait sans cesse, en nous regardant du coin de l'œil, les trois notes qu'il obtenait de son instrument.

Pendant tout ce temps, il n'y a plus eu que le soleil et ce silence, avec le petit bruit de la source et les trois notes. Puis 20 Raymond a porté la main à sa poche revolver, mais l'autre n'a pas bougé et ils se regardaient toujours. J'ai remarqué que celui qui jouait de la flûte avait les doigts des pieds très écartés. Mais sans quitter des yeux son adversaire, Raymond m'a demandé: «Je le descends?»[22] J'ai pensé que si je disais 25 non il s'exciterait tout seul et tirerait certainement. Je lui ai seulement dit: «Il ne t'a pas encore parlé. Ça ferait vilain de tirer comme ça.»[23] On a encore entendu le petit bruit d'eau et de flûte au cœur du silence et de la chaleur. Puis Raymond

---

[21] Le soleil . . . sur la mer. *Cf. note 2 above.*
[22] Je le descends? Shall I shoot him down?
[23] Ça ferait vilain de tirer comme ça It would be a dirty trick to shoot him like that

a dit: «Alors, je vais l'insulter et quand il répondra, je le descendrai.» J'ai répondu: «C'est ça. Mais s'il ne sort pas son couteau, tu ne peux pas tirer.» Raymond a commencé à s'exciter un peu. L'autre jouait toujours et tous deux observaient chaque geste de Raymond. «Non, ai-je dit à Raymond. 5 Prends-le d'homme à homme et donne-moi ton revolver. Si l'autre intervient, ou s'il tire son couteau, je le descendrai.»

Quand Raymond m'a donné son revolver, le soleil a glissé dessus.[24] Pourtant, nous sommes restés encore immobiles comme si tout s'était refermé autour de nous. Nous nous 10 regardions sans baisser les yeux et tout s'arrêtait ici entre la mer, le sable et le soleil, le double silence de la flûte et de l'eau. J'ai pensé à ce moment qu'on pouvait tirer ou ne pas tirer. Mais brusquement, les Arabes, à reculons, se sont coulés derrière le rocher. Raymond et moi sommes alors 15 revenus sur nos pas. Lui[25] paraissait mieux et il a parlé de l'autobus du retour.

Je l'ai accompagné jusqu'au cabanon et, pendant qu'il gravissait l'escalier de bois, je suis resté devant la première marche, la tête retentissante de soleil,[26] découragé devant 20 l'effort qu'il fallait faire pour monter l'étage de bois et aborder encore les femmes. Mais la chaleur était telle qu'il m'était pénible aussi de rester immobile sous la pluie aveuglante[27] qui tombait du ciel. Rester ici ou partir, cela revenait au même.[28] Au bout d'un moment, je suis retourné vers la 25 plage et je me suis mis à marcher.

C'était le même éclatement rouge.[29] Sur le sable, la mer

[24] le soleil a glissé dessus the sunlight glinted on it
[25] Lui He (*disjunctive pronoun used as emphatic subject*)
[26] la tête retentissante de soleil my head ringing from the sunshine
[27] la pluie aveuglante the blinding stream of sunlight
[28] cela revenait au même it came down to the same thing
[29] le même éclatement rouge the same dazzling red glare

haletait de toute la respiration rapide et étouffée de ses petites
vagues. Je marchais lentement vers les rochers et je sentais
mon front se gonfler sous le soleil. Toute cette chaleur
s'appuyait[30] sur moi et s'opposait à mon avance. Et chaque
5 fois que je sentais son grand souffle chaud sur mon visage,
je serrais les dents, je fermais les poings dans les poches de
mon pantalon, je me tendais tout entier pour triompher du
soleil et de cette ivresse opaque qu'il me déversait.[31] A
chaque épée de lumière jaillie du sable, d'un coquillage
10 blanchi ou d'un débris de verre, mes mâchoires se crispaient.
J'ai marché longtemps.

Je voyais de loin la petite masse sombre du rocher entourée
d'un halo aveuglant par la lumière et la poussière de mer.[32]
Je pensais à la source fraîche derrière le rocher. J'avais envie
15 de retrouver le murmure de son eau, envie de fuir le soleil,
l'effort et les pleurs de femme, envie enfin de retrouver
l'ombre et son repos. Mais quand j'ai été plus près, j'ai vu
que le type de Raymond était revenu.

Il était seul. Il reposait sur le dos, les mains sous la nuque,
20 le front dans les ombres du rocher, tout le corps au soleil.
Son bleu de chauffe fumait dans la chaleur. J'ai été un peu
surpris. Pour moi, c'était une histoire finie et j'étais venu là
sans y penser.

Dès qu'il m'a vu, il s'est soulevé un peu et a mis la main
25 dans sa poche. Moi, naturellement, j'ai serré le revolver de
Raymond dans mon veston. Alors de nouveau, il s'est laissé
aller en arrière, mais sans retirer la main de sa poche. J'étais

---

[30] s'appuyait pressed down
[31] je me tendais . . . qu'il me déversait I was straining every nerve in
the effort to overcome the effect of the sun and to shake off the cloudy
spell that it cast over me
[32] un halo aveuglant par la lumière et la poussière de mer a blinding
halo of light and sea spray

assez loin de lui, à une dizaine de mètres. Je devinais son
regard par instants, entre ses paupières mi-closes. Mais le
plus souvent, son image dansait devant mes yeux dans l'air
enflammé. Le bruit des vagues était encore plus paresseux,
plus étale qu'à midi. C'était le même soleil, la même 5
lumière sur le même sable qui se prolongeait ici. Il y avait
déjà deux heures que la journée n'avançait plus,[33] deux
heures qu'elle avait jeté l'ancre dans un océan de métal
bouillant. A l'horizon, un petit vapeur est passé et j'en ai
deviné la tache noire au bord de mon regard, parce que je 10
n'avais pas cessé de regarder l'Arabe.

J'ai pensé que je n'avais qu'un demi-tour à faire et ce
serait fini. Mais toute une plage vibrante de soleil se pressait
derrière moi. J'ai fait quelques pas vers la source. L'Arabe
n'a pas bougé. Malgré tout, il était encore assez loin. Peut- 15
être à cause des ombres sur son visage, il avait l'air de rire.
J'ai attendu. La brûlure du soleil gagnait mes joues et j'ai
senti des gouttes de sueur s'amasser dans mes sourcils. C'était
le même soleil que le jour où j'avais enterré maman et,
comme alors, le front surtout me faisait mal et toutes les 20
veines battaient ensemble sous la peau. A cause de cette
brûlure que je ne pouvais plus supporter, j'ai fait un mouvement en avant. Je savais que c'était stupide, que je ne me
débarrasserais pas du soleil en me déplaçant d'un pas. Mais
j'ai fait un pas, un seul pas en avant. Et cette fois, sans se 25
soulever, l'Arabe a tiré son couteau qu'il m'a présenté dans le
soleil. La lumière a giclé sur l'acier et c'était comme une
longue lame étincelante qui m'atteignait au front. Au
même instant, la sueur amassée dans mes sourcils a coulé
d'un coup sur les paupières et les a recouvertes d'un voile 30

[33] Il y avait déjà . . . n'avançait plus For two hours now the sun had
not been moving

tiède et épais. Mes yeux étaient aveuglés derrière ce rideau de
larmes et de sel. Je ne sentais plus que les cymbales du soleil
sur mon front et, indistinctement, le glaive éclatant jailli
du couteau toujours en face de moi. Cette épée brûlante
5 rongeait mes cils et fouillait mes yeux douloureux. C'est
alors que tout a vacillé. La mer a charrié un souffle épais et
ardent. Il m'a semblé que le ciel s'ouvrait sur toute son
étendue pour laisser pleuvoir du feu. Tout mon être s'est
tendu et j'ai crispé ma main sur le revolver. La gâchette a
10 cédé, j'ai touché le ventre poli de la crosse et c'est là, dans
le bruit à la fois sec et assourdissant, que tout a commencé.
J'ai secoué la sueur et le soleil. J'ai compris que j'avais
détruit l'équilibre du jour, le silence exceptionnel d'une
plage où j'avais été heureux. Alors, j'ai tiré encore quatre fois
15 sur un corps inerte où les balles s'enfonçaient sans qu'il y
parût. Et c'était comme quatre coups brefs que je frappais
sur la porte du malheur.[34]

[34] J'ai pensé que je n'avais qu'un demi-tour à faire et ce serait fini . . .
Et c'était comme quatre coups brefs que je frappais sur la porte du
malheur. *Note the heightened tone and the increased dramatic tension
of this paragraph, which concludes Part I of the novel. The striking
image at the end serves as a kind of modulation into the key of Part II.*

DEUXIEME PARTIE

1

Tout de suite après mon arrestation, j'ai été interrogé plusieurs fois. Mais il s'agissait d'interrogatoires d'identité qui n'ont pas duré longtemps. La première fois au commissariat, mon affaire semblait n'intéresser personne. Huit jours après, le juge d'instruction,[1] au contraire, m'a regardé avec curiosité. Mais pour commencer, il m'a seulement demandé mon nom et mon adresse, ma profession, la date et le lieu de ma naissance. Puis il a voulu savoir si j'avais choisi un avocat. J'ai reconnu que non et je l'ai questionné pour savoir s'il était absolument nécessaire d'en avoir un. «Pourquoi?» a-t-il dit. J'ai répondu que je trouvais mon affaire très simple. Il a souri en disant: «C'est un avis. Pourtant, la loi est là. Si vous ne choisissez pas d'avocat, nous en désignerons un d'office.»[2] J'ai trouvé qu'il était très commode que la

<small>5</small>

<small>10</small>

---

[1] **le juge d'instruction** the examining magistrate
[2] **nous en désignerons un d'office** the court will appoint one

justice se chargeât de ces détails. Je le lui ai dit. Il m'a
approuvé et a conclu que la loi était bien faite.

Au début, je ne l'ai pas pris au sérieux. Il m'a reçu dans
une pièce tendue de rideaux, il avait sur son bureau une
5 seule lampe qui éclairait le fauteuil où il m'a fait asseoir
pendant que lui-même restait dans l'ombre. J'avais déjà lu
une description semblable dans des livres et tout cela m'a
paru un jeu. Après notre conversation, au contraire, je l'ai
regardé et j'ai vu un homme aux traits fins, aux yeux bleus
10 enfoncés, grand, avec une longue moustache grise et d'abon-
dants cheveux presque blancs. Il m'a paru très raisonnable et,
somme toute, sympathique, malgré quelques tics nerveux qui
lui tiraient la bouche.[3] En sortant, j'allais même lui tendre la
main, mais je me suis souvenu à temps que j'avais tué un
15 homme.

Le lendemain, un avocat est venu me voir à la prison. Il
était petit et rond, assez jeune, les cheveux soigneusement
collés. Malgré la chaleur (j'étais en manches de chemise), il
avait un costume sombre, un col cassé[4] et une cravate bizarre
20 à grosses raies noires et blanches. Il a posé sur mon lit la serviette qu'il portait sous le bras, s'est présenté et m'a dit qu'il
avait étudié mon dossier. Mon affaire était délicate, mais il
ne doutait pas du succès, si je lui faisais confiance. Je l'ai
remercié et il m'a dit: «Entrons dans le vif du sujet.»[5]

25 Il s'est assis sur le lit et m'a expliqué qu'on avait pris des
renseignements sur ma vie privée. On avait su que ma mère
était morte récemment à l'asile. On avait alors fait une enquête à Marengo. Les instructeurs avaient appris que «j'avais
fait preuve d'insensibilité» le jour de l'enterrement de ma-

---

[3] qui lui tiraient la bouche that twisted his mouth
[4] un col cassé a wing collar
[5] Entrons dans le vif du sujet Let's get into the heart of the matter

man. «Vous comprenez, m'a dit mon avocat, cela me gêne un peu de vous demander cela. Mais c'est très important. Et ce sera un gros argument[6] pour l'accusation, si je ne trouve rien à répondre.» Il voulait que je l'aide. Il m'a demandé si j'avais eu de la peine ce jour-là. Cette question m'a beau-[5] coup étonné et il me semblait que j'aurais été très gêné si j'avais eu à la poser. J'ai répondu cependant que j'avais un peu perdu l'habitude de m'interroger et qu'il m'était difficile de le renseigner. Sans doute, j'aimais bien maman, mais cela ne voulait rien dire. Tous les êtres sains avaient plus [10] ou moins souhaité la mort de ceux qu'ils aimaient. Ici, l'avocat m'a coupé[7] et a paru très agité. Il m'a fait promettre de ne pas dire cela à l'audience, ni chez le magistrat instructeur. Cependant, je lui ai expliqué que j'avais une nature telle que mes besoins physiques dérangeaient souvent mes [15] sentiments. Le jour où j'avais enterré maman, j'étais très fatigué et j'avais sommeil. De sorte que je ne me suis pas rendu compte de ce qui se passait. Ce que je pouvais dire à coup sûr, c'est que j'aurais préféré que maman ne mourût pas. Mais mon avocat n'avait pas l'air content. Il m'a dit: [20] «Ceci n'est pas assez.»

Il a réfléchi. Il m'a demandé s'il pouvait dire que ce jour-là j'avais dominé mes sentiments naturels. Je lui ai dit: «Non, parce que c'est faux.» Il m'a regardé d'une façon bizarre, comme si je lui inspirais un peu de dégoût. Il m'a [25] dit presque méchamment que dans tous les cas le directeur et le personnel de l'asile seraient entendus comme témoins et que «cela pouvait me jouer un très sale tour».[8] Je lui ai

[6] un gros argument a weighty bit of evidence
[7] l'avocat m'a coupé the lawyer interrupted me (cf. couper la parole à quelqu'un: to interrupt and stop someone from speaking)
[8] cela pouvait . . . un sale tour it might get me into nasty trouble (un sale tour: a nasty trick; i.e. it might play me a nasty trick)

fait remarquer que cette histoire n'avait pas de rapport avec mon affaire, mais il m'a répondu seulement qu'il était visible que je n'avais jamais eu de rapports avec la justice.

Il est parti avec un air fâché. J'aurais voulu le retenir, lui
5 expliquer que je désirais sa sympathie, non pour être mieux défendu, mais, si je puis dire, naturellement. Surtout, je voyais que je le mettais mal à l'aise. Il ne me comprenait pas et il m'en voulait un peu.[9] J'avais le désir de lui affirmer que j'étais comme tout le monde, absolument comme tout le
10 monde. Mais tout cela, au fond, n'avait pas grande utilité et j'y ai renoncé par paresse.

Peu de temps après, j'étais conduit de nouveau devant le juge d'instruction. Il était deux heures de l'après-midi et cette fois, son bureau était plein d'une lumière à peine
15 tamisée[10] par un rideau de voile. Il faisait très chaud. Il m'a fait asseoir et avec beaucoup de courtoisie m'a déclaré que mon avocat, «par suite d'un contretemps»,[11] n'avait pu venir. Mais j'avais le droit de ne pas répondre à ses questions et d'attendre que mon avocat pût m'assister. J'ai dit que je
20 pouvais répondre seul. Il a touché du doigt un bouton sur sa table. Un jeune greffier est venu s'installer presque dans mon dos.

Nous nous sommes tous les deux carrés[12] dans nos fauteuils. L'interrogatoire a commencé. Il m'a d'abord dit qu'on

[9] il m'en voulait un peu he was a little annoyed at me (en vouloir à quelqu'un: to be annoyed with *or* angry at someone)

[10] son bureau . . . une lumière à peine tamisée the flimsy curtain let almost the full flood of light into his office (un tamis: a sieve; une lumière tamisée: a light which is subdued because it filters through a curtain or shade)

[11] par suite d'un contretemps because of an unexpected circumstance

[12] Nous nous sommes . . . carrés We sat back in our chairs (se carrer: to stand squarely on one's feet *or* to settle squarely down into a chair)

me dépeignait comme étant d'un caractère taciturne et renfermé et il a voulu savoir ce que j'en pensais. J'ai répondu: «C'est que je n'ai jamais grand'chose à dire. Alors je me tais.» Il a souri comme la première fois, a reconnu que c'était la meilleure des raisons et a ajouté: «D'ailleurs, cela 5 n'a aucune importance.» Il s'est tu, m'a regardé et s'est redressé assez brusquement pour me dire très vite: «Ce qui m'intéresse, c'est vous.» Je n'ai pas bien compris ce qu'il entendait par là et je n'ai rien répondu. «Il y a des choses, a-t-il ajouté, qui m'échappent dans votre geste. Je suis sûr 10 que vous allez m'aider à les comprendre.» J'ai dit que tout était très simple. Il m'a pressé de lui retracer ma journée. Je lui ai retracé ce que déjà je lui avais raconté: Raymond, la plage, le bain, la querelle, encore la plage, la petite source, le soleil et les cinq coups de revolver. A chaque phrase il 15 disait: «Bien, bien.» Quand je suis arrivé au corps étendu, il a approuvé en disant: «Bon.» Moi, j'étais lassé de répéter ainsi la même histoire et il me semblait que je n'avais jamais autant parlé.

Après un silence, il s'est levé et m'a dit qu'il voulait m'aider, 20 que je l'intéressais et qu'avec l'aide de Dieu, il ferait quelque chose pour moi. Mais auparavant, il voulait me poser encore quelques questions. Sans transition, il m'a demandé si j'aimais maman. J'ai dit: «Oui, comme tout le monde» et le greffier, qui jusqu'ici tapait régulièrement sur sa machine,[13] 25 a dû se tromper de touches, car il s'est embarrassé et a été obligé de revenir en arrière. Toujours sans logique apparente, le juge m'a alors demandé si j'avais tiré les cinq coups de revolver à la suite. J'ai réfléchi et précisé que j'avais tiré une seule fois d'abord et, après quelques secondes, les quatre 30

[13] machine = machine à écrire typewriter

autres coups. «Pourquoi avez-vous attendu entre le premier
et le second coup?» dit-il alors. Une fois de plus, j'ai revu la
plage rouge et j'ai senti sur mon front la brûlure du soleil.
Mais cette fois, je n'ai rien répondu. Pendant tout le silence
5 qui a suivi le juge a eu l'air de s'agiter. Il s'est assis, a fourragé
dans ses cheveux, a mis ses coudes sur son bureau et s'est
penché un peu vers moi avec un air étrange: «Pourquoi,
pourquoi avez-vous tiré sur un corps à terre?» Là encore, je
n'ai pas su répondre. Le juge a passé ses mains sur son front
10 et a répété sa question d'une voix un peu altérée: «Pourquoi?
Il faut que vous me le disiez. Pourquoi?» Je me taisais toujours.

Brusquement, il s'est levé, a marché à grands pas vers une
extrémité de son bureau et a ouvert un tiroir dans un clas-
15 seur. Il en a tiré un crucifix d'argent qu'il a brandi en
revenant vers moi. Et d'une voix toute changée, presque
tremblante, il s'est écrié: «Est-ce que vous le connaissez,
celui-là?» J'ai dit: «Oui, naturellement.» Alors il m'a dit
très vite et d'une façon passionnée que lui croyait en Dieu,
20 que sa conviction était qu'aucun homme n'était assez coupable pour que Dieu ne lui pardonnât pas, mais qu'il fallait
pour cela que l'homme par son repentir devînt comme un
enfant dont l'âme est vide et prête à tout accueillir. Il avait
tout son corps penché sur la table. Il agitait son crucifix
25 presque au-dessus de moi. A vrai dire, je l'avais très mal
suivi dans son raisonnement, d'abord parce que j'avais chaud
et qu'il y avait dans son cabinet de grosses mouches qui se
posaient sur ma figure, et aussi parce qu'il me faisait un peu
peur. Je reconnaissais en même temps que c'était ridicule
30 parce que, après tout, c'était moi le criminel. Il a continué
pourtant. J'ai à peu près compris qu'à son avis il n'y avait
qu'un point d'obscur dans ma confession, le fait d'avoir

attendu pour tirer mon second coup de revolver. Pour le
reste, c'était très bien, mais cela, il ne le comprenait pas.
J'allais lui dire qu'il avait tort de s'obstiner: ce dernier
point n'avait pas tellement d'importance. Mais il m'a coupé
et m'a exhorté une dernière fois, dressé de toute sa hauteur,
en me demandant si je croyais en Dieu. J'ai répondu que
non. Il s'est assis avec indignation. Il m'a dit que c'était impossible, que tous les hommes croyaient en Dieu, même
ceux qui se détournaient de son visage. C'était là sa conviction et, s'il devait jamais en douter, sa vie n'aurait plus de
sens. «Voulez-vous, s'est-il exclamé, que ma vie n'ait pas de
sens?» A mon avis, cela ne me regardait pas et je le lui ai
dit. Mais à travers la table, il avançait déjà le Christ sous
mes yeux et s'écriait d'une façon déraisonnable: «Moi, je
suis chrétien. Je demande pardon de tes fautes à celui-là.
Comment peux-tu ne pas croire qu'il a souffert pour toi?»
J'ai bien remarqué qu'il me tutoyait, mais j'en avais assez.
La chaleur se faisait de plus en plus grande. Comme toujours, quand j'ai envie de me débarrasser de quelqu'un que
j'écoute à peine, j'ai eu l'air d'approuver. A ma surprise, il
a triomphé: «Tu vois, tu vois, disait-il. N'est-ce pas que tu
crois et que tu vas te confier à Lui?» Evidemment, j'ai dit
non une fois de plus. Il est retombé sur son fauteuil.
    Il avait l'air très fatigué. Il est resté un moment silencieux
pendant que la machine, qui n'avait pas cessé de suivre le
dialogue, en prolongeait encore les dernières phrases. Ensuite, il m'a regardé attentivement et avec un peu de tristesse.
Il a murmuré: «Je n'ai jamais vu d'âme aussi endurcie que
la vôtre. Les criminels qui sont venus devant moi ont toujours pleuré devant cette image de la douleur.» J'allais
répondre que c'était justement parce qu'il s'agissait de
criminels. Mais j'ai pensé que moi aussi j'étais comme

eux. C'était une idée à quoi je ne pouvais pas me faire.[14]
Le juge s'est alors levé, comme s'il me signifiait que
l'interrogatoire était terminé. Il m'a seulement demandé du
même air un peu las si je regrettais mon acte. J'ai réfléchi
5 et j'ai dit que, plutôt que du regret véritable, j'éprouvais un
certain ennui. J'ai eu l'impression qu'il ne me comprenait
pas. Mais ce jour-là les choses ne sont pas allées plus loin.

Par la suite j'ai souvent revu le juge d'instruction. Seulement, j'étais accompagné de mon avocat à chaque fois. On
10 se bornait à me faire préciser certains points de mes déclarations précédentes. Ou bien encore le juge discutait les charges
avec mon avocat. Mais en vérité ils ne s'occupaient jamais de
moi à ces moments-là. Peu à peu en tout cas, le ton des interrogatoires a changé. Il semblait que le juge ne s'intéressât plus
15 à moi et qu'il eût classé mon cas,[15] en quelque sorte. Il ne m'a
plus parlé de Dieu et je ne l'ai jamais revu dans l'excitation de
ce premier jour. Le résultat, c'est que nos entretiens sont
devenus plus cordiaux. Quelques questions, un peu de conversation avec mon avocat, les interrogatoires étaient finis.
20 Mon affaire suivait son cours, selon l'expression même du
juge. Quelquefois aussi, quand la conversation était d'ordre
général, on m'y mêlait. Je commençais à respirer. Personne,
en ces heures-là, n'était méchant avec moi. Tout était si naturel, si bien réglé et si sobrement joué que j'avais l'impression
25 ridicule de «faire partie de la famille». Et au bout des onze
mois qu'a duré cette instruction, je peux dire que je m'étonnais presque de m'être jamais réjoui d'autre chose que de ces

[14] une idée . . . me faire an idea to which I could not accustom my-
self (se faire à une idée: to become accustomed to an idea)
[15] qu'il eût classé mon cas en quelque sorte that he had settled my case,
so to speak

rares instants où le juge me reconduisait à la porte de son cabinet en me frappant sur l'épaule et en me disant d'un air cordial: «C'est fini pour aujourd'hui, monsieur l'Antéchrist.» On me remettait alors entre les mains des gendarmes.

2

Il y a des choses dont je n'ai jamais aimé parler. Quand je suis entré en prison, j'ai compris au bout de quelques jours que je n'aimerais pas parler de cette partie de ma vie.

Plus tard, je n'ai plus trouvé d'importance à ces répu-
5 gnances. En réalité, je n'étais pas réellement en prison les premiers jours: j'attendais vaguement quelque événement nouveau. C'est seulement après la première et la seule visite de Marie que tout a commencé. Du jour où j'ai reçu sa lettre (elle me disait qu'on ne lui permettait plus de venir
10 parce qu'elle n'était pas ma femme), de ce jour-là, j'ai senti que j'étais chez moi dans ma cellule et que ma vie s'y arrêtait. Le jour de mon arrestation, on m'a d'abord en-fermé dans une chambre où il y avait déjà plusieurs détenus, la plupart des Arabes. Ils ont ri en me voyant. Puis ils m'ont
15 demandé ce que j'avais fait. J'ai dit que j'avais tué un Arabe et ils sont restés silencieux. Mais un moment après, le soir est tombé. Ils m'ont expliqué comment ii fallait arranger la

natte où je devais coucher. En roulant une des extrémités,
on pouvait en faire un traversin. Toute la nuit, des punaises
ont couru sur mon visage. Quelques jours après, on m'a isolé
dans une cellule où je couchais sur un bat-flanc de bois.
J'avais un baquet d'aisances et une cuvette de fer. La prison 5
était tout en haut de la ville et, par une petite fenêtre, je
pouvais voir la mer. C'est un jour que j'étais agrippé aux
barreaux, mon visage tendu vers la lumière, qu'un gardien
est entré et m'a dit que j'avais une visite. J'ai pensé que
c'était Marie. C'était bien elle.   10
    J'ai suivi pour aller au parloir un long corridor, puis un
escalier et, pour finir, un autre couloir. Je suis entré dans
une très grande salle éclairée par une vaste baie. La salle
était séparée en trois parties par deux grandes grilles qui la
coupaient dans sa longueur. Entre les deux grilles se trouvait 15
un espace de huit à dix mètres qui séparait les visiteurs des
prisonniers. J'ai aperçu Marie en face de moi, avec sa robe à
raies et son visage bruni. De mon côté, il y avait une dizaine
de détenus, des Arabes pour la plupart. Marie était entourée
de Mauresques et se trouvait entre deux visiteuses: une petite 20
vieille aux lèvres serrées, habillée de noir, et une grosse
femme en cheveux qui parlait très fort avec beaucoup de
gestes. A cause de la distance entre les grilles, les visiteurs et
les prisonniers étaient obligés de parler très haut. Quand je
suis entré, le bruit des voix qui rebondissaient contre les 25
grands murs nus de la salle, la lumière crue qui coulait du
ciel sur les vitres et rejaillissait dans la salle, me causèrent
une sorte d'étourdissement. Ma cellule était plus calme et
plus sombre. Il m'a fallu quelques secondes pour m'adapter.
Pourtant, j'ai fini par voir chaque visage avec netteté, dé- 30
taché dans le plein jour. J'ai observé qu'un gardien se tenait
assis à l'extrémité du couloir entre les deux grilles. La plu-

part des prisonniers arabes ainsi que leurs familles s'étaient accroupis en vis-à-vis.[1] Ceux-là ne criaient pas. Malgré le tumulte, ils parvenaient à s'entendre en parlant très bas. Leur murmure sourd, parti de plus bas, formait comme une 5 basse continue aux conversations qui s'entre-croisaient au-dessus de leurs têtes. Tout cela, je l'ai remarqué très vite en m'avançant vers Marie. Déjà collée contre la grille, elle me souriait de toutes ses forces. Je l'ai trouvée très belle, mais je n'ai pas su le lui dire. 10 «Alors?», m'a-t-elle dit très haut. «Alors, voilà.—Tu es bien, tu as tout ce que tu veux?—Oui, tout.»

Nous nous sommes tus et Marie souriait toujours. La grosse femme hurlait vers mon voisin, son mari sans doute, un grand type blond au regard franc. C'était la suite d'une 15 conversation déjà commencée.

«Jeanne n'a pas voulu le prendre», criat-elle à tue-tête. «Oui, oui», disait l'homme. «Je lui ai dit que tu le reprendrais en sortant, mais elle n'a pas voulu le prendre.»

Marie a crié de son côté que Raymond me donnait le 20 bonjour et j'ai dit: «Merci.» Mais ma voix a été couverte par mon voisin qui a demandé «s'il allait bien». Sa femme a ri en disant «qu'il ne s'était jamais mieux porté». Mon voisin de gauche, un petit jeune homme aux mains fines, ne disait rien. J'ai remarqué qu'il était en face de la petite vieille et 25 que tous les deux se regardaient avec intensité. Mais je n'ai pas eu le temps de les observer plus longtemps parce que Marie m'a crié qu'il fallait espérer. J'ai dit: «Oui.» En même temps, je la regardais et j'avais envie de serrer son épaule par-dessus sa robe. J'avais envie de ce tissu fin et je ne 30 savais pas très bien ce qu'il fallait espérer en dehors de lui.

[1] s'étaient accroupis en vis-à-vis were squatting opposite each other. *Arabs squat on the ground or floor and seldom use chairs.*

Mais c'était bien sans doute ce que Marie voulait dire parce
qu'elle souriait toujours. Je ne voyais plus que l'éclat de ses
dents et les petits plis de ses yeux. Elle a crié de nouveau:
«Tu sortiras et on se mariera!» J'ai répondu: «Tu crois?»
mais c'était surtout pour dire quelque chose. Elle a dit alors 5
très vite et toujours très haut que oui, que je serais acquitté
et qu'on prendrait encore des bains. Mais l'autre femme
hurlait de son côté et disait qu'elle avait laissé un panier au
greffe. Elle énumérait tout ce qu'elle y avait mis. Il fallait
vérifier, car tout cela coûtait cher. Mon autre voisin et sa 10
mère se regardaient toujours. Le murmure des Arabes continuait au-dessous de nous. Dehors, la lumière a semblé
se gonfler contre la baie.[2]

Je me sentais un peu malade et j'aurais voulu partir. Le
bruit me faisait mal. Mais d'un autre côté, je voulais 15
profiter encore de la présence de Marie. Je ne sais pas
combien de temps a passé. Marie m'a parlé de son travail
et elle souriait sans arrêt. Le murmure, les cris, les conversations se croisaient. Le seul îlot de silence était à côté de moi
dans ce petit jeune homme et cette vieille qui se regardaient. 20
Peu à peu, on a emmené les Arabes. Presque tout le monde
s'est tu dès que le premier est sorti. La petite vieille s'est
rapprochée des barreaux et, au même moment, un gardien
a fait signe à son fils. Il a dit: «Au revoir, maman», et elle
a passé sa main entre deux barreaux pour lui faire un petit 25
signe lent et prolongé.

Elle est partie pendant qu'un homme entrait, le chapeau
à la main, et prenait sa place. On a introduit un prisonnier
et ils se sont parlé avec animation, mais à demi-voix, parce
que la pièce était redevenue silencieuse. On est venu chercher 30
mon voisin de droite et sa femme lui a dit sans baisser le

[2] **Dehors . . . baie** Outside the light seemed to surge up over the bay

ton, comme si elle n'avait pas remarqué qu'il n'était plus nécessaire de crier: «Soigne-toi bien et fais attention.» Puis est venu mon tour. Marie a fait signe qu'elle m'embrassait. Je me suis retourné avant de disparaître. Elle était immobile, 5 le visage écrasé contre la grille, avec le même sourire écartelé et crispé.

C'est peu après qu'elle m'a écrit. Et c'est à partir de ce moment qu'ont commencé les choses dont je n'ai jamais aimé parler. De toute façon, il ne faut rien exagérer et cela 10 m'a été plus facile qu'à d'autres. Au début de ma détention, pourtant, ce qui a été le plus dur, c'est que j'avais des pensées d'homme libre. Par exemple, l'envie me prenait d'être sur une plage et de descendre vers la mer. A imaginer le bruit des premières vagues sous la plante de mes pieds, l'entrée 15 du corps dans l'eau et la délivrance que j'y trouvais, je sentais tout d'un coup combien les murs de ma prison étaient rapprochés. Mais cela dura quelques mois. Ensuite, je n'avais que des pensées de prisonnier. J'attendais la promenade quotidienne que je faisais dans la cour ou la visite de mon 20 avocat. Je m'arrangeais très bien avec le reste de mon temps. J'ai souvent pensé alors que si l'on m'avait fait vivre dans un tronc d'arbre sec, sans autre occupation que de regarder la fleur du ciel[3] au-dessus de ma tête, je m'y serais peu à peu habitué. J'aurais attendu des passages d'oiseaux ou des ren-25 contres de nuages comme j'attendais ici les curieuses cravates de mon avocat et comme, dans un autre monde, je patientais jusqu'au samedi pour étreindre le corps de Marie. Or, à bien réfléchir, je n'étais pas dans un arbre sec. Il y avait plus malheureux que moi. C'était d'ailleurs une idée de maman,

---

[3] **la fleur du ciel.** *Had Meursault been, as he imagines here, imprisoned in the trunk of a dead tree, he would have seen the sky above him like a flower above the tree; the tree would seem to hold the sky like a stalk.*

et elle le répétait souvent, qu'on finissait par s'habituer à tout.

Du reste, je n'allais pas si loin d'ordinaire. Les premiers mois ont été durs. Mais justement, l'effort que j'ai dû faire aidait à les passer. Par exemple, j'étais tourmenté par le désir d'une femme. C'était naturel, j'étais jeune. Je ne pensais jamais à Marie particulièrement. Mais je pensais tellement à une femme, aux femmes, à toutes celles que j'avais connues, à toutes les circonstances où je les avais aimées, que ma cellule s'emplissait de tous leurs visages et se peuplait de mes désirs. Dans un sens, cela me déséquilibrait. Mais dans un autre, cela tuait le temps. J'avais fini par gagner la sympathie du gardien-chef qui accompagnait à l'heure des repas le garçon de cuisine. C'est lui qui, d'abord, m'a parlé des femmes. Il m'a dit que c'était la première chose dont se plaignaient les autres. Je lui ai dit que j'étais comme eux et que je trouvais ce traitement injuste. «Mais, a-t-il dit, c'est justement pour ça qu'on vous met en prison.—Comment, pour ça?—Mais oui, la liberté, c'est ça. On vous prive de la liberté.» Je n'avais jamais pensé à cela. Je l'ai approuvé: «C'est vrai, lui ai-je dit, où serait la punition?—Oui, vous comprenez les choses, vous. Les autres non.»

Il y a eu aussi les cigarettes. Quand je suis entré en prison, on m'a pris ma ceinture, mes cordons de souliers, ma cravate et tout ce que je portais dans mes poches, mes cigarettes en particulier. Une fois en cellule, j'ai demandé qu'on me les rende. Mais on m'a dit que c'était défendu. Les premiers jours ont été très durs. C'est peut-être cela qui m'a le plus abattu. Je suçais des morceaux de bois que j'arrachais de la planche de mon lit. Je promenais toute la journée une nausée perpétuelle. Je ne comprenais pas pourquoi on me privait de cela qui ne faisait de mal à personne. Plus tard, j'ai compris que cela faisait partie aussi de la punition. Mais à ce moment-là, je m'étais habitué à ne plus fumer et cette punition n'en était plus une pour moi.

A part ces ennuis, je n'étais pas trop malheureux. Toute la question, encore une fois, était de tuer le temps. J'ai fini par ne plus m'ennuyer du tout à partir de l'instant où j'ai appris à me souvenir. Je me mettais quelquefois à penser à ma chambre et, en imagination, je partais d'un coin pour y revenir en dénombrant mentalement tout ce qui se trouvait sur mon chemin. Au début, c'était vite fait. Mais chaque fois que je recommençais, c'était un peu plus long. Car je me souvenais de chaque meuble, et, pour chacun d'entre eux, de chaque objet qui s'y trouvait et, pour chaque objet, de tous les détails et pour les détails eux-mêmes, une incrusta- tion, une fêlure ou un bord ébréché, de leur couleur ou de leur grain. En même temps, j'essayais de ne pas perdre le fil de mon inventaire, de faire une énumération complète. Si bien qu'au[4] bout de quelques semaines, je pouvais passer des heures, rien qu'à dénombrer ce qui se trouvait dans ma chambre. Ainsi, plus je réfléchissais et plus de choses mécon- nues et oubliées je sortais de ma mémoire. J'ai compris alors qu'un homme qui n'aurait vécu qu'un seul jour pourrait sans peine vivre cent ans dans une prison. Il aurait assez de souvenirs pour ne pas s'ennuyer. Dans un sens, c'était un avantage.

Il y avait aussi le sommeil. Au début, je dormais mal la nuit et pas du tout le jour. Peu à peu, mes nuits ont été meilleures et j'ai pu dormir aussi le jour. Je peux dire que, dans les derniers mois, je dormais de seize à dix-huit heures par jour. Il me restait alors six heures à tuer avec les repas,

[4] si bien que with the result that

les besoins naturels, mes souvenirs et l'histoire du Tchécoslovaque.[5]
Entre ma paillasse et la planche du lit, j'avais trouvé, en
effet, un vieux morceau de journal presque collé à l'étoffe,
jauni et transparent. Il relatait un fait divers dont le début 5
manquait, mais qui avait dû se passer en Tchécoslovaquie.
Un homme était parti d'un village tchèque pour faire fortune. Au bout de vingt-cinq ans, riche, il était revenu avec
une femme et un enfant. Sa mère tenait un hôtel avec sa
sœur dans son village natal. Pour les surprendre, il avait 10
laissé sa femme et son enfant dans un autre établissement,
était allé chez sa mère qui ne l'avait pas reconnu quand il
était entré. Par plaisanterie, il avait eu l'idée de prendre une
chambre. Il avait montré son argent. Dans la nuit, sa mère
et sa sœur l'avaient assassiné à coups de marteau pour le 15
voler et avaient jeté son corps dans la rivière. Le matin, la
femme était venue, avait révélé sans le savoir l'identité du
voyageur. La mère s'était pendue. La sœur s'était jetée dans
un puits. J'ai dû lire[6] cette histoire des milliers de fois. D'un
côté, elle était invraisemblable. D'un autre, elle était natu- 20
relle. De toute façon, je trouvais que le voyageur l'avait un
peu mérité et qu'il ne faut jamais jouer.

Ainsi, avec les heures de sommeil, les souvenirs, la lecture
de mon fait divers et l'alternance de la lumière et de
l'ombre, le temps a passé. J'avais bien lu qu'on finissait par 25
perdre la notion du temps en prison. Mais cela n'avait pas
beaucoup de sens pour moi. Je n'avais pas compris à quel
point les jours pouvaient être à la fois longs et courts. Longs

---

[5] l'histoire du Tchécoslovaque the story of the Czechoslovakian man.
Camus uses this story in his play, Le Malentendu.
[6] *J'ai dû lire* I must have read

à vivre sans doute, mais tellement distendus qu'ils finissaient
par déborder les uns sur les autres. Ils y perdaient leur nom.
Les mots hier ou demain étaient les seuls qui gardaient un
sens pour moi.

5 Lorsqu'un jour, le gardien m'a dit que j'étais là depuis
cinq mois, je l'ai cru, mais je ne l'ai pas compris. Pour moi,
c'était sans cesse le même jour qui déferlait dans ma cellule
et la même tâche que je poursuivais. Ce jour-là, après le
départ du gardien, je me suis regardé dans ma gamelle de
10 fer. Il m'a semblé que mon image restait sérieuse alors
même que j'essayais de lui sourire. Je l'ai agitée devant moi.
J'ai souri et elle a gardé le même air sévère et triste. Le jour
finissait et c'était l'heure dont je ne veux pas parler, l'heure
sans nom, où les bruits du soir montaient de tous les étages
15 de la prison dans un cortège de silence. Je me suis approché
de la lucarne et, dans la dernière lumière, j'ai contemplé une
fois de plus mon image. Elle était toujours sérieuse, et quoi
d'étonnant puisque, à ce moment, je l'étais aussi? Mais en
même temps et pour la première fois depuis des mois, j'ai
20 entendu distinctement le son de ma voix. Je l'ai reconnue
pour celle qui résonnait déjà depuis de longs jours à mes
oreilles et j'ai compris que pendant tout ce temps j'avais
parlé seul. Je me suis souvenu alors de ce que disait l'infirmière à l'enterrement de maman. Non, il n'y avait pas
25 d'issue et personne ne peut imaginer ce que sont les soirs
dans les prisons.

3

Je peux dire qu'au fond l'été a très vite remplacé l'été. Je
savais qu'avec la montée des premières chaleurs surviendrait
quelque chose de nouveau pour moi. Mon affaire était in-
scrite à la dernière session de la cour d'assises et cette session
se terminerait avec le mois de juin. Les débats se sont ouverts 5
avec, au dehors, tout le plein du soleil.[1] Mon avocat m'avait
assuré qu'ils ne dureraient pas plus de deux ou trois jours.
«D'ailleurs, avait-il ajouté, la cour sera pressée parce que
votre affaire n'est pas la plus importante de la session. Il y
a un parricide qui passera tout de suite après.»   10
    A sept heures et demie du matin, on est venu me chercher
et la voiture cellulaire m'a conduit au palais de justice. Les
deux gendarmes m'ont fait entrer dans une petite pièce qui
sentait l'ombre. Nous avons attendu, assis près d'une porte
derrière laquelle on entendait des voix, des appels, des bruits 15
de chaises et tout un remue-ménage qui m'a fait penser à ces

[1] tout le plein du soleil the full glare of the sun

fêtes de quartier où, après le concert, on range la salle pour
pouvoir danser. Les gendarmes m'ont dit qu'il fallait attendre la cour et l'un d'eux m'a offert une cigarette que j'ai
refusée. Il m'a demandé peu après «si j'avais le trac».[2] J'ai
5 répondu que non. Et même, dans un sens, cela m'intéressait
de voir un procès. Je n'en avais jamais eu l'occasion[3] dans
ma vie: «Oui, a dit le second gendarme, mais cela finit par
fatiguer.»

Après un peu de temps, une petite sonnerie a résonné dans
10 la pièce. Ils m'ont alors ôté les menottes. Ils ont ouvert la
porte et m'ont fait entrer dans le box des accusés. La salle
était pleine à craquer. Malgré les stores, le soleil s'infiltrait
par endroits et l'air était déjà étouffant. On avait laissé les
vitres closes. Je me suis assis et les gendarmes m'ont encadré.
15 C'est à ce moment que j'ai aperçu une rangée de visages
devant moi. Tous me regardaient: j'ai compris que c'étaient
les jurés. Mais je ne peux pas dire ce qui les distinguait les
uns des autres. Je n'ai eu qu'une impression: j'étais devant
une banquette de tramway et tous ces voyageurs anonymes
20 épiaient le nouvel arrivant pour en apercevoir les ridicules.
Je sais bien que c'était une idée niaise puisque ici ce n'était
pas le ridicule qu'ils cherchaient, mais le crime. Cependant
la différence n'est pas grande et c'est en tout cas l'idée qui
m'est venue.

25 J'étais un peu étourdi aussi par tout ce monde dans cette
salle close. J'ai regardé encore le prétoire et je n'ai distingué
aucun visage. Je crois bien que d'abord je ne m'étais pas
rendu compte que tout ce monde se pressait pour me voir.
D'habitude, les gens ne s'occupaient pas de ma personne. Il

[2] si j'avais le trac if I was scared (avoir le trac : *a current slang ex-*
pression)
[3] Je n'en avais . . . l'occasion I had never had such an opportunity

m'a fallu un effort pour comprendre que j'étais la cause de toute cette agitation. J'ai dit au gendarme: «Que de monde!»[4] Il m'a répondu que c'était à cause des journaux et il m'a montré un groupe qui se tenait près d'une table sous le banc des jurés. Il m'a dit: «Les voilà.» J'ai demandé: [5] «Qui?» et il a répété: «Les journaux.» Il connaissait l'un des journalistes qui l'a vu à ce moment et qui s'est dirigé vers nous. C'était un homme déjà âgé, sympathique, avec un visage un peu grimaçant. Il a serré la main du gendarme avec beaucoup de chaleur. J'ai remarqué à ce moment que [10] tout le monde se rencontrait, s'interpellait et conversait, comme dans un club où l'on est heureux de se retrouver entre gens du même monde. Je me suis expliqué aussi la bizarre impression que j'avais d'être de trop, un peu comme un intrus. Pourtant, le journaliste s'est adressé à moi en [15] souriant. Il m'a dit qu'il espérait que tout irait bien pour moi. Je l'ai remercié et il a ajouté: «Vous savez, nous avons monté un peu votre affaire.[5] L'été, c'est la saison creuse pour les journaux. Et il n'y avait que votre histoire et celle du parricide qui vaillent quelque chose.»[6] Il m'a montré ensuite, [20] dans le groupe qu'il venait de quitter, un petit bonhomme qui ressemblait à une belette engraissée, avec d'énormes lunettes cerclées de noir. Il m'a dit que c'était l'envoyé spécial d'un journal de Paris: «Il n'est pas venu pour vous, d'ailleurs. Mais comme il est chargé de rendre compte du procès [25] du parricide, on lui a demandé de câbler votre affaire en même temps.» Là encore, j'ai failli le remercier.[7] Mais j'ai

---

[4] Que de monde! What a crowd!
[5] nous avons monté . . . affaire we've been featuring your story quite a bit
[6] qui vaillent quelque chose that are worth anything (vaillent: *subjunctive of* valoir)
[7] j'ai failli le remercier I almost thanked him

pensé que ce serait ridicule. Il m'a fait un petit signe cordial
de la main et nous a quittés. Nous avons encore attendu
quelques minutes.

Mon avocat est arrivé, en robe, entouré de beaucoup d'au-
5 tres confrères. Il est allé vers les journalistes, a serré des
mains. Ils ont plaisanté, ri et avaient l'air tout à fait à leur
aise, jusqu'au moment où la sonnerie a retenti dans le prétoire. Tout le monde a regagné sa place. Mon avocat est
venu vers moi, m'a serré la main et m'a conseillé de ré-
10 pondre brièvement aux questions qu'on me poserait, de ne
pas prendre d'initiatives et de me reposer sur lui pour le
reste.

A ma gauche, j'ai entendu le bruit d'une chaise qu'on
reculait et j'ai vu un grand homme mince, vêtu de rouge,
15 portant lorgnon, qui s'asseyait en pliant sa robe avec soin.
C'était le procureur. Un huissier a annoncé la cour. Au
même moment, deux gros ventilateurs ont commencé de
vrombir. Trois juges, deux en noir, le troisième en rouge,
sont entrés avec des dossiers et ont marché très vite vers la
20 tribune qui dominait la salle. L'homme en robe rouge s'est
assis sur le fauteuil du milieu, a posé sa toque devant lui,
essuyé son petit crâne chauve avec un mouchoir et déclaré
que l'audience était ouverte.

Les journalistes tenaient déjà leur stylo en main. Ils
25 avaient tous le même air indifférent et un peu narquois.
Pourtant, l'un d'entre eux, beaucoup plus jeune, habillé en
flanelle grise avec une cravate bleue, avait laissé son stylo
devant lui et me regardait.[8] Dans son visage un peu asymétrique, je ne voyais que ses deux yeux, très clairs, qui m'ex-
30 aminaient attentivement, sans rien exprimer qui fût définis-

---

[8] l'un d'entre eux . . . me regardait. *Camus says that he "put himself
into the story" in the person of this young journalist.*

sable. Et j'ai eu l'impression bizarre d'être regardé par moi-même. C'est peut-être pour cela, et aussi parce que je ne connaissais pas les usages du lieu, que je n'ai pas très bien compris tout ce qui s'est passé ensuite, le tirage au sort des jurés, les questions posées par le président à l'avocat, au 5 procureur et au jury (à chaque fois, toutes les têtes des jurés se retournaient en même temps vers la cour), une lecture rapide de l'acte d'accusation, où je reconnaissais des noms de lieux et de personnes, et de nouvelles questions à mon avocat. 10

Mais le président a dit qu'il allait faire procéder à l'appel des témoins. L'huissier a lu des noms qui ont attiré mon attention. Du sein de ce public tout à l'heure informe, j'ai vu se lever un à un, pour disparaître ensuite par une porte latérale, le directeur et le concierge de l'asile, le 15 vieux Thomas Pérez, Raymond, Masson, Salamano, Marie. Celle-ci m'a fait un petit signe anxieux. Je m'étonnais encore de ne pas les avoir aperçus plus tôt, lorsque à l'appel de son nom, le dernier, Céleste s'est levé. J'ai reconnu à côté de lui la petite bonne femme du restaurant, avec sa jaquette et son 20 air précis et décidé. Elle me regardait avec intensité. Mais je n'ai pas eu le temps de réfléchir parce que le président a pris la parole. Il a dit que les véritables débats allaient commencer et qu'il croyait inutile de recommander au public d'être calme. Selon lui, il était là pour diriger avec impar-25 tialité les débats d'une affaire qu'il voulait considérer avec objectivité. La sentence rendue par le jury serait prise dans un esprit de justice et, dans tous les cas, il ferait évacuer la salle au moindre incident.

La chaleur montait et je voyais dans la salle les assistants 30 s'éventer avec des journaux. Cela faisait un petit bruit continu de papier froissé. Le président a fait un signe et l'huis-

sier a apporté trois éventails de paille tressée que les trois
juges ont utilisés immédiatement.

Mon interrogatoire a commencé aussitôt. Le président m'a
questionné avec calme et même, m'a-t-il semblé, avec une
5 nuance de cordialité. On m'a encore fait décliner mon identité et malgré mon agacement, j'ai pensé qu'au fond c'était
assez naturel, parce qu'il serait trop grave de juger un
homme pour un autre. Puis le président a recommencé le
récit de ce que j'avais fait, en s'adressant à moi toutes les
10 trois phrases pour me demander: «Est-ce bien cela?» A
chaque fois, j'ai répondu: «Oui, monsieur le Président», selon les instructions de mon avocat. Cela a été long parce que
le président apportait beaucoup de minutie dans son récit.
Pendant tout ce temps, les journalistes écrivaient. Je sentais
15 les regards du plus jeune d'entre eux et de la petite automate. La banquette de tramway était tout entière tournée
vers le président. Celui-ci a toussé, feuilleté son dossier et il
s'est tourné vers moi en s'éventant.

Il m'a dit qu'il devait aborder maintenant des questions
20 apparemment étrangères à mon affaire, mais qui peut-être
la touchaient de fort près.[9] J'ai compris qu'il allait encore
parler de maman et j'ai senti en même temps combien cela
m'ennuyait. Il m'a demandé pourquoi j'avais mis maman à
l'asile. J'ai répondu que c'était parce que je manquais
25 d'argent pour la faire garder et soigner. Il m'a demandé si
cela m'avait coûté personnellement et j'ai répondu que ni
maman ni moi n'attendions plus rien l'un de l'autre, ni
d'ailleurs de personne, et que nous nous étions habitués tous
les deux à nos vies nouvelles. Le président a dit alors qu'il

[9] qui . . . la touchaient de fort près which perhaps were very closely
connected with it (Fort *used as an adverb is the equivalent of* very.)

ne voulait pas insister sur ce point et il a demandé au procureur s'il ne voyait pas d'autre question à me poser.

Celui-ci me tournait à demi le dos et, sans me regarder, il a déclaré qu'avec l'autorisation du président, il aimerait savoir si j'étais retourné vers la source tout seul avec l'intention de tuer l'Arabe. «Non», ai-je dit. «Alors, pourquoi était-il armé et pourquoi revenir vers cet endroit précisément?» J'ai dit que c'était le hasard. Et le procureur a noté avec un accent mauvais: «Ce sera tout pour le moment.» Tout ensuite a été un peu confus, du moins pour moi. Mais après quelques conciliabules, le président a déclaré que l'audience était levée et renvoyée à l'après-midi pour l'audition des témoins.

Je n'ai pas eu le temps de réfléchir. On m'a emmené, fait monter dans la voiture cellulaire et conduit à la prison où j'ai mangé. Au bout de très peu de temps, juste assez pour me rendre compte que j'étais fatigué, on est revenu me chercher; tout a recommencé et je me suis trouvé dans la même salle, devant les mêmes visages. Seulement la chaleur était beaucoup plus forte et comme par un miracle chacun des jurés, le procureur, mon avocat et quelques journalistes étaient munis aussi d'éventails de paille. Le jeune journaliste et la petite femme étaient toujours là. Mais ils ne s'éventaient pas et me regardaient encore sans rien dire.

J'ai essuyé la sueur qui couvrait mon visage et je n'ai repris un peu conscience du lieu et de moi-même que lorsque j'ai entendu appeler le directeur de l'asile. On lui a demandé si maman se plaignait de moi et il a dit que oui mais que c'était un peu la manie de ses pensionnaires de se plaindre de leurs proches. Le président lui a fait préciser si elle me reprochait de l'avoir mise à l'asile et le directeur

a dit encore oui. Mais cette fois, il n'a rien ajouté. A une autre question il a répondu qu'il avait été surpris de mon calme le jour de l'enterrement. On lui a demandé ce qu'il entendait par calme. Le directeur a regardé alors le bout
5 de ses souliers et il a dit que je n'avais pas voulu voir maman, je n'avais pas pleuré une seule fois et j'étais parti aussitôt après l'enterrement sans me recueillir sur sa tombe. Une chose encore l'avait surpris: un employé des pompes funèbres lui avait dit que je ne savais pas l'âge de maman. Il
10 y a eu un moment de silence et le président lui a demandé si c'était bien de moi qu'il avait parlé. Comme le directeur ne comprenait pas la question, il lui a dit: «C'est la loi.» Puis le président a demandé à l'avocat général s'il n'avait pas de question à poser au témoin et le procureur s'est écrié:
15 «Oh! non, cela suffit», avec un tel éclat et un tel regard triomphant dans ma direction que, pour la première fois depuis bien des années, j'ai eu une envie stupide de pleurer parce que j'ai senti combien j'étais détesté par tous ces gens-là.
20   Après avoir demandé au jury et à mon avocat s'ils avaient des questions à poser, le président a entendu le concierge. Pour lui comme pour tous les autres, le même cérémonial s'est répété. En arrivant, le concierge m'a regardé et il a détourné les yeux. Il a répondu aux ques
25 tions qu'on lui posait. Il a dit que je n'avais pas voulu voir maman, que j'avais fumé, que j'avais dormi et que j'avais pris du café au lait. J'ai senti alors quelque chose qui soulevait toute la salle et, pour la première fois, j'ai compris que j'étais coupable. On a fait répéter au concierge l'histoire du
30 café au lait et celle de la cigarette. L'avocat général m'a regardé avec une lueur ironique dans les yeux. A ce moment, mon avocat a demandé au concierge s'il n'avait pas

fumé avec moi. Mais le procureur s'est élevé avec violence
contre cette question: «Quel est le criminel ici et quelles
sont ces méthodes qui consistent à salir les témoins de
l'accusation pour minimiser des témoignages qui n'en de-
meurent pas moins écrasants!» Malgré tout, le président a 5
demandé au concierge de répondre à la question. Le vieux
a dit d'un air embarrassé: «Je sais bien que j'ai eu tort. Mais
je n'ai pas osé refuser la cigarette que Monsieur m'a offerte.»
En dernier lieu, on m'a demandé si je n'avais rien à ajouter.
«Rien, ai-je répondu, seulement que le témoin a raison. Il 10
est vrai que je lui ai offert une cigarette.» Le concierge m'a
regardé alors avec un peu l'étonnement et une sorte de grati-
tude. Il a hésité, puis il a dit que c'était lui qui m'avait offert
le café au lait. Mon avocat a triomphé bruyamment et a
déclaré que les jurés apprécieraient. Mais le procureur a 15
tonné au-dessus de nos têtes et il a dit: «Oui, MM. les jurés
apprécieront. Et ils concluront qu'un étranger pouvait proposer du café, mais qu'un fils devait le refuser devant le
corps de celle qui lui avait donné le jour.» Le concierge a
regagné son banc.   20
    Quand est venu le tour de Thomas Pérez, un huissier a
dû le soutenir jusqu'à la barre.[10] Pérez a dit qu'il avait surtout connu ma mère et qu'il ne m'avait vu qu'une fois, le
jour de l'enterrement. On lui a demandé ce que j'avais fait
ce jour-là et il a répondu: «Vous comprenez, moi-même 25
j'avais trop de peine. Alors, je n'ai rien vu. C'était la peine
qui m'empêchait de voir. Parce que c'était pour moi une
très grosse peine. Et même, je me suis évanoui. Alors, je
n'ai pas pu voir Monsieur.» L'avocat général lui a demandé
si, du moins, il m'avait vu pleurer. Pérez a répondu que 30

---

[10] a dû le soutenir . . . barre had to hold him up and help him to
the witness stand

non. Le procureur a dit alors à son tour: «MM. les jurés
apprécieront.» Mais mon avocat s'est fâché. Il a demandé
à Pérez, sur un ton qui m'a semblé exagéré, «s'il avait vu
que je ne pleurais pas». Pérez a dit: «Non.» Le public a ri.
5 Et mon avocat, en retroussant une de ses manches, a dit
d'un ton péremptoire: «Voilà l'image de ce procès. Tout
est vrai et rien n'est vrai!» Le procureur avait le visage
fermé et piquait son crayon dans les titres de ses dossiers.

Après cinq minutes de suspension pendant lesquelles mon
10 avocat m'a dit que tout allait pour le mieux, on a entendu
Céleste qui était cité par la défense. La défense, c'était moi.
Céleste jetait de temps en temps des regards de mon côté et
roulait un panama entre ses mains. Il portait le costume neuf
qu'il mettait pour venir avec moi, certains dimanches, aux
15 courses de chevaux. Mais je crois qu'il n'avait pas pu mettre
son col parce qu'il portait seulement un bouton de cuivre
pour tenir sa chemise fermée. On lui a demandé si j'étais[11]
son client et il a dit: «Oui, mais c'était aussi un ami»; ce
qu'il pensait de moi et il a répondu que j'étais un homme;
20 ce qu'il entendait par là et il a déclaré que tout le monde
savait ce que cela voulait dire; s'il avait remarqué que j'étais
renfermé et il a reconnu seulement que je ne parlais pas
pour ne rien dire. L'avocat général lui a demandé si je payais
régulièrement ma pension. Céleste a ri et il a déclaré:
25 «C'étaient des détails entre nous.» On lui a demandé encore
ce qu'il pensait de mon crime. Il a mis alors ses mains sur la
barre et l'on voyait qu'il avait préparé quelque chose. Il a
dit: «Pour moi, c'est un malheur. Un malheur, tout le

---

[11] On lui a demandé si j'étais . . . ; ce qu'il pensait . . . ; ce qu'il
entendait . . . ; s'il avait remarqué . . . . Demander *controls all the
subordinate verbs:* He was asked if I was . . . ; what he thought . . . ;
what he meant . . . ; whether he had noticed . . .

monde sait ce que c'est. Ça vous laisse sans défense. Eh bien!
pour moi c'est un malheur.» Il allait continuer, mais le
président lui a dit que c'était bien et qu'on le remerciait.
Alors Céleste est resté un peu interdit. Mais il a déclaré qu'il
voulait encore parler. On lui a demandé d'être bref. Il a 5
encore répété que c'était un malheur. Et le président lui a
dit: «Oui, c'est entendu.[12] Mais nous sommes là pour juger
les malheurs de ce genre. Nous vous remercions.» Comme
s'il était arrivé au bout de sa science et de sa bonne volonté,
Céleste s'est alors retourné vers moi. Il m'a semblé que ses 10
yeux brillaient et que ses lèvres tremblaient. Il avait l'air de
me demander ce qu'il pouvait encore faire. Moi, je n'ai rien
dit, je n'ai fait aucun geste, mais c'est la première fois de
ma vie que j'ai eu envie d'embrasser un homme. Le président lui a encore enjoint de quitter la barre. Céleste est allé 15
s'asseoir dans le prétoire. Pendant tout le reste de l'audience,
il est resté là, un peu penché en avant, les coudes sur les
genoux, le panama entre les mains, à écouter tout ce qui se
disait.

Marie est entrée. Elle avait mis un chapeau et elle était 20
encore belle. Mais je l'aimais mieux avec ses cheveux libres.
De l'endroit où j'étais, je devinais le poids léger de ses seins
et je reconnaissais sa lèvre inférieure toujours un peu gon-
flée. Elle semblait très nerveuse. Tout de suite, on lui a demandé depuis quand elle me connaissait. Elle a indiqué 25
l'époque où elle travaillait chez nous. Le président a voulu
savoir quels étaient ses rapports avec moi. Elle a dit qu'elle
était mon amie. A une autre question, elle a répondu qu'il
était vrai qu'elle devait m'épouser. Le procureur qui feuille-
tait un dossier lui a demandé brusquement de quand datait 30
notre liaison. Elle a indiqué la date. Le procureur a remar-

[12]Oui, c'est entendu Yes, yes, of course

date of 1st date = day after Meurs's mom's funeral.

qué d'un air indifférent qu'il lui semblait que c'était le lendemain de la mort de maman. Puis il a dit avec quelque ironie qu'il ne voudrait pas insister sur une situation délicate, qu'il comprenait très bien les scrupules de Marie mais
5 (et ici son accent s'est fait plus dur) que son devoir lui commandait de s'élever au-dessus des convenances. Il a donc demandé à Marie de résumer cette journée où je l'avais connue. Marie ne voulait pas parler, mais devant l'insistance du procureur, elle a dit notre bain, notre sortie au cinéma et
10 notre rentrée chez moi. L'avocat général a dit qu'à la suite des déclarations de Marie à l'instruction, il avait consulté les programmes de cette date. Il a ajouté que Marie elle-même dirait quel film on passait alors. D'une voix presque blanche,[13] en effet, elle a indiqué que c'était un film de Fer-
15 nandel. Le silence était complet dans la salle quand elle a eu fini.[14] Le procureur s'est alors levé, très grave et d'une voix que j'ai trouvée vraiment émue, le doigt tendu vers moi, il a articulé lentement: «Messieurs les jurés, le lendemain de la mort de sa mère, cet homme prenait des bains, com-
20 mençait une liaison irrégulière, et allait rire devant un film comique. Je n'ai rien de plus à vous dire.» Il s'est assis, toujours dans le silence. Mais, tout d'un coup, Marie a éclaté en sanglots, a dit que ce n'était pas cela, qu'il y avait autre chose, qu'on la forçait à dire le contraire de ce qu'elle pen-
25 sait, qu'elle me connaissait bien et que je n'avais rien fait de mal. Mais l'huissier, sur un signe du président, l'a emmenée et l'audience s'est poursuivie.

C'est à peine si, ensuite, on a écouté Masson qui a déclaré

---

[13] **D'une voix presque blanche** In an almost expressionless voice
[14] **quand elle a eu fini** when she had finished (**A eu fini** *is the so-called* passé surcomposé, *the tense used in an informal style instead of the* passé antérieur.)

que j'étais un honnête homme «et qu'il dirait plus, j'étais un brave homme». C'est à peine encore si on a écouté Salamano quand il a rappelé que j'avais été bon pour son chien et quand il a répondu à une question sur ma mère et sur moi en disant que je n'avais plus rien à dire à maman et que je ⁵ l'avais mise pour cette raison à l'asile. «Il faut comprendre, disait Salamano, il faut comprendre.» Mais personne ne paraissait comprendre. On l'a emmené.

Puis est venu le tour de Raymond, qui était le dernier témoin. Raymond m'a fait un petit signe et a dit tout de ¹⁰ suite que j'étais innocent. Mais le président a déclaré qu'on ne lui demandait pas des appréciations mais des faits. Il l'a invité à attendre des questions pour répondre. On lui a fait préciser ses relations avec la victime. Raymond en a profité pour dire que c'était lui que cette dernière haïssait depuis ¹⁵ qu'il avait giflé sa sœur. Le président lui a demandé cependant si la victime n'avait pas de raison de me haïr. Raymond a dit que ma présence à la plage était le résultat d'un hasard. Le procureur lui a demandé alors comment il se faisait que la lettre qui était à l'origine du drame avait été écrite par ²⁰ moi. Raymond a répondu que c'était un hasard. Le procureur a rétorqué que le hasard avait déjà beaucoup de méfaits sur la conscience dans cette histoire. Il a voulu savoir si c'était par hasard que je n'étais pas intervenu quand Raymond avait giflé sa maîtresse, par hasard que j'avais servi ²⁵ de témoin au commissariat, par hasard encore que mes déclarations lors de ce témoignage s'étaient révélées de pure complaisance. Pour finir, il a demandé à Raymond quels étaient ses moyens d'existence, et comme ce dernier répondait: «Magasinier», l'avocat général a déclaré aux jurés que ³⁰ de notoriété générale le témoin exerçait le métier de souteneur. J'étais son complice et son ami. Il s'agissait d'un

drame crapuleux[15] de la plus basse espèce, aggravé du fait qu'on avait affaire à un monstre moral. Raymond a voulu se défendre et mon avocat a protesté, mais on leur a dit qu'il fallait laisser terminer le procureur. Celui-ci a dit: «J'ai peu
5 de chose à ajouter. Était-il votre ami?» a-t-il demandé à Raymond. «Oui, a dit celui-ci, c'était mon copain.» L'avocat général m'a posé alors la même question et j'ai regardé Raymond qui n'a pas détourné les yeux. J'ai répondu: «Oui.» Le procureur s'est alors retourné vers le jury et a déclaré:
10 «Le même homme qui au lendemain de la mort de sa mère se livrait à la débauche la plus honteuse a tué pour des raisons futiles et pour liquider une affaire de mœurs inqualifiable.»[16]

Il s'est assis alors. Mais mon avocat, à bout de patience,
15 s'est écrié en levant les bras, de sorte que ses manches en retombant ont découvert les plis d'une chemise amidonnée: «Enfin, est-il accusé d'avoir enterré sa mère ou d'avoir tué un homme?» Le public a ri. Mais le procureur s'est redressé encore, s'est drapé dans sa robe et a déclaré qu'il fallait avoir
20 l'ingénuité de l'honorable défenseur pour ne pas sentir qu'il y avait entre ces deux ordres de faits une relation profonde, pathétique, essentielle. «Oui, s'est-il écrié avec force, j'accuse cet homme d'avoir enterré une mère avec un cœur de criminel.» Cette déclaration a paru faire un effet considérable
25 sur le public. Mon avocat a haussé les épaules et essuyé la sueur qui couvrait son front. Mais lui-même paraissait ébranlé et j'ai compris que les choses n'allaient pas bien pour moi.

---

[15] un drame crapuleux a sordid, underworld affair
[16] pour liquider une affaire de mœurs inqualifiable to settle an unspeakable underworld affair (mœurs: morality *or* manners; une affaire de mœurs: a case involving immorality *or* vice)

L'audience a été levée. En sortant du palais de justice pour monter dans la voiture, j'ai reconnu un court instant l'odeur et la couleur du soir d'été. Dans l'obscurité de ma prison roulante, j'ai retrouvé un à un, comme du fond de ma fatigue, tous les bruits familiers d'une ville que j'aimais et d'une certaine heure où il m'arrivait de me sentir content. Le cri des vendeurs de journaux dans l'air déjà détendu, les derniers oiseaux dans le square, l'appel des marchands de sandwiches, la plainte des tramways dans les hauts tournants de la ville et cette rumeur du ciel avant que la nuit bascule sur le port,[17] tout cela recomposait pour moi un itinéraire d'aveugle, que je connaissais bien avant d'entrer en prison. Oui, c'était l'heure où, il y avait bien longtemps, je me sentais content. Ce qui m'attendait alors, c'était toujours un sommeil léger et sans rêves. Et pourtant quelque chose était changé puisque, avec l'attente du lendemain, c'est ma cellule que j'ai retrouvée. Comme si les chemins familiers tracés dans les ciels d'été pouvaient mener aussi bien aux prisons qu'aux sommeils innocents.

[17] avant que la nuit bascule sur le port before night suddenly spills over the port (basculer: to tip over). *Night falls very quickly in Algeria and there is only a short twilight period.*

4

Même sur un banc d'accusé, il est toujours intéressant d'entendre parler de soi. Pendant les plaidoiries du procureur et de mon avocat, je peux dire qu'on a beaucoup parlé de moi et peut-être plus de moi que de mon crime. Étaient-elles si différentes, d'ailleurs, ces plaidoiries? L'avocat levait les bras et plaidait coupable, mais avec excuses. Le procureur tendait ses mains et dénonçait la culpabilité, mais sans excuses. Une chose pourtant me gênait vaguement. Malgré mes préoccupations, j'étais parfois tenté d'intervenir et mon avocat me disait alors: «Taisez-vous, cela vaut mieux pour votre affaire.» En quelque sorte, on avait l'air de traiter cette affaire en dehors de moi. Tout se déroulait sans mon intervention. Mon sort se réglait sans qu'on prenne mon avis. De temps en temps, j'avais envie d'interrompre tout le monde et de dire: «Mais tout de même, qui est l'accusé? C'est important d'être l'accusé. Et j'ai quelque chose à dire!» Mais réflexion faite,[1] je n'avais rien à dire. D'ailleurs, je dois re-

[1] **réflexion faite** having thought over the matter; *i.e.* on second thought

116

connaître que l'intérêt qu'on trouve à occuper les gens ne
dure pas longtemps. Par exemple, le réquisitoire du procureur m'a très vite lassé. Ce sont seulement des fragments,
des gestes ou des tirades entières, mais détachées de l'ensemble, qui m'ont frappé ou ont éveillé mon intérêt. 5
Le fond de sa pensée, si j'ai bien compris, c'est que j'avais
prémédité mon crime. Du moins, il a essayé de le démontrer. Comme il le disait lui-même: «J'en ferai la preuve, messieurs, et je la ferai doublement. Sous l'aveuglante clarté des
faits d'abord et ensuite dans l'éclairage sombre que me four- 10
nira la psychologie de cette âme criminelle.» Il a résumé les
faits à partir de la mort de maman. Il a rappelé mon insensibilité, l'ignorance où j'étais de l'âge de maman, mon bain
du lendemain, avec une femme, le cinéma, Fernandel et
enfin la rentrée avec Marie. J'ai mis du temps à le com- 15
prendre, à ce moment, parce qu'il disait «sa maîtresse» et
pour moi, elle était Marie. Ensuite, il en est venu à l'histoire
de Raymond. J'ai trouvé que sa façon de voir les événements
ne manquait pas de clarté. Ce qu'il disait était plausible.
J'avais écrit la lettre d'accord avec Raymond pour attirer sa 20
maîtresse et la livrer aux mauvais traitements d'un homme
«de moralité douteuse». J'avais provoqué sur la plage les
adversaires de Raymond. Celui-ci avait été blessé. Je lui avais
demandé son revolver. J'étais revenu seul pour m'en servir.
J'avais abattu l'Arabe comme je le projetais. J'avais attendu. 25
Et «pour être sûr que la besogne était bien faite», j'avais tiré
encore quatre balles, posément, à coup sûr, d'une façon
réfléchie en quelque sorte.
«Et voilà, messieurs, a dit l'avocat général. J'ai retracé devant vous le fil d'événements qui a conduit cet homme à 30
tuer en pleine connaissance de cause. J'insiste là-dessus, a-t-il
dit. Car il ne s'agit pas d'un assassinat ordinaire, d'un acte

irréfléchi que vous pourriez estimer atténué par les circonstances. Cet homme, messieurs, cet homme est intelligent.
Vous l'avez entendu, n'est-ce pas? Il sait répondre. Il connaît
la valeur des mots. Et l'on ne peut pas dire qu'il a agi sans
5 se rendre compte de ce qu'il faisait.»
Moi j'écoutais et j'entendais qu'on me jugeait intelligent.
Mais je ne comprenais pas bien comment les qualités d'un
homme ordinaire pouvaient devenir des charges[2] écrasantes
contre un coupable. Du moins, c'était cela qui me frappait
10 et je n'ai plus écouté le procureur jusqu'au moment où je l'ai
entendu dire: «A-t-il seulement exprimé des regrets? Jamais,
messieurs. Pas une seule fois au cours de l'instruction cet
homme n'a paru ému de son abominable forfait.» A ce moment, il s'est tourné vers moi et m'a désigné du doigt en
15 continuant à m'accabler sans qu'en réalité je comprenne bien
pourquoi. Sans doute, je ne pouvais pas m'empêcher de
reconnaître qu'il avait raison. Je ne regrettais pas beaucoup
mon acte. Mais tant d'acharnement m'étonnait. J'aurais
voulu essayer de lui expliquer cordialement, presque avec
20 affection, que je n'avais jamais pu regretter vraiment quelque chose. J'étais toujours pris par ce qui allait arriver, par
aujourd'hui ou par demain. Mais naturellement, dans l'état
où l'on m'avait mis, je ne pouvais parler à personne sur ce
ton. Je n'avais pas le droit de me montrer affectueux, d'avoir
25 de la bonne volonté. Et j'ai essayé d'écouter encore parce que
le procureur s'est mis à parler de mon âme.
Il disait qu'il s'était penché sur elle et qu'il n'avait rien
trouvé, messieurs les jurés. Il disait qu'à la vérité, je n'en
avais point, d'âme, et que rien d'humain, et pas un des prin-
30 cipes moraux qui gardent le cœur des hommes ne m'était
accessible. «Sans doute, ajoutait-il, nous ne saurions le lui

[2] des charges accusations (*legal use*)

reprocher. Ce qu'il ne saurait acquérir,[3] nous ne pouvons nous plaindre qu'il en manque. Mais quand il s'agit de cette cour, la vertu toute négative de la tolérance doit se muer en[4] celle, moins facile, mais plus élevée, de la justice. Surtout lorsque le vide du cœur tel qu'on le découvre chez cet[5] homme devient un gouffre où la société peut succomber.» C'est alors qu'il a parlé de mon attitude envers maman. Il a répété ce qu'il avait dit pendant les débats. Mais il a été beaucoup plus long que lorsqu'il parlait de mon crime, si long même que, finalement, je n'ai plus senti que la chaleur[10] de cette matinée. Jusqu'au moment, du moins, où l'avocat général s'est arrêté et après un moment de silence, a repris d'une voix très basse et très pénétrée: «Cette même cour, messieurs, va juger demain le plus abominable des forfaits: le meurtre d'un père.» Selon lui, l'imagination reculait de-[15] vant cet atroce attentat. Il osait espérer que la justice des hommes punirait sans faiblesse. Mais, il ne craignait pas de le dire, l'horreur que lui inspirait ce crime le cédait presque à celle qu'il ressentait devant mon insensibilité. Toujours selon lui, un homme qui tuait moralement sa mère se re-[20] tranchait de la société des hommes au même titre que celui qui portait une main meurtrière sur l'auteur de ses jours. Dans tous les cas, le premier préparait les actes du second, il les annonçait en quelque sorte et il les légitimait. «J'en suis persuadé, messieurs, a-t-il ajouté en élevant la voix, vous[25] ne trouverez pas ma pensée trop audacieuse, si je dis que l'homme qui est assis sur ce banc est coupable aussi du meurtre que cette cour devra juger demain. Il doit être puni en conséquence.». Ici, le procureur a essuyé son visage bril-

---

[3] **Ce qu'il ne saurait acquérir** What it was not in his power to acquire (*idiomatic use of* savoir *for* pouvoir)
[4] **doit se muer en** must change into; *i.e.* must become

lant de sueur. Il a dit enfin que son devoir était douloureux,
mais qu'il l'accomplirait fermement. Il a déclaré que je n'avais
rien à faire avec une société dont je méconnaissais les règles
les plus essentielles et que je ne pouvais pas en appeler à
5 ce cœur humain dont j'ignorais les réactions élémentaires.
«Je vous demande la tête de cet homme, a-t-il dit, et c'est
le cœur léger que je vous la demande. Car s'il m'est arrivé
au cours de ma déjà longue carrière de réclamer des peines
capitales, jamais autant qu'aujourd'hui, je n'ai senti ce péni-
10 ble devoir compensé, balancé, éclairé par la conscience d'un
commandement impérieux et sacré et par l'horreur que je
ressens devant un visage d'homme où je ne lis rien que de
monstrueux.»
Quand le procureur s'est rassis, il y a eu un moment de
15 silence assez long. Moi, j'étais étourdi de chaleur et d'étonnement. Le président a toussé un peu et sur un ton très bas,
il m'a demandé si je n'avais rien à ajouter. Je me suis levé
et comme j'avais envie de parler, j'ai dit, un peu au hasard
d'ailleurs, que je n'avais pas eu l'intention de tuer l'Arabe.
20 Le président a répondu que c'était une affirmation, que
jusqu'ici il saisissait mal mon système de défense et qu'il
serait heureux, avant d'entendre mon avocat, de me faire
préciser les motifs qui avaient inspiré mon acte. J'ai dit
rapidement, en mêlant un peu les mots et en me rendant
25 compte de mon ridicule, que c'était à cause du soleil. Il y a
eu des rires dans la salle. Mon avocat a haussé les épaules et
tout de suite après, on lui a donné la parole. Mais il a déclaré qu'il était tard, qu'il en avait pour plusieurs heures et
qu'il demandait le renvoi à l'après-midi. La cour y a consenti.
30 L'après-midi, les grands ventilateurs brassaient toujours
l'air épais de la salle et les petits éventails multicolores des

jurés s'agitaient tous dans le même sens. La plaidoirie de
mon avocat me semblait ne devoir jamais finir. A un moment donné, cependant, je l'ai écouté parce qu'il disait: «Il
est vrai que j'ai tué.» Puis il a continué sur ce ton, disant
«je» chaque fois qu'il parlait de moi. J'étais très étonné. Je 5
me suis penché vers un gendarme et je lui ai demandé
pourquoi. Il m'a dit de me taire et, après un moment, il a
ajouté: «Tous les avocats font ça.» Moi, j'ai pensé que c'était
m'écarter encore de l'affaire, me réduire à zéro et, en un
certain sens, se substituer à moi. Mais je crois que j'étais 10
déjà très loin de cette salle d'audience. D'ailleurs, mon avocat
m'a semblé ridicule. Il a plaidé la provocation très rapidement et puis lui aussi a parlé de mon âme. Mais il m'a paru
qu'il avait beaucoup moins de talent que le procureur. «Moi
aussi, a-t-il, je me suis penché sur cette âme, mais, contraire- 15
ment à l'éminent représentant du ministère public, j'ai
trouvé quelque chose et je puis dire que j'y ai lu à livre
ouvert.» Il y avait lu que j'étais un honnête homme, un
travailleur régulier, infatigable, fidèle à la maison qui l'em-
ployait, aimé de tous et compatissant aux misères d'au- 20
trui. Pour lui, j'étais un fils modèle qui avait soutenu sa
mère aussi longtemps qu'il l'avait pu. Finalement j'avais
espéré qu'une maison de retraite donnerait à la vieille femme
le confort que mes moyens ne me permettaient pas de lui
procurer. «Je m'étonne, messieurs, a-t-il ajouté, qu'on ait 25
mené si grand bruit autour de cet asile. Car enfin, s'il fallait
donner une preuve de l'utilité et de la grandeur de ces institutions, il faudrait bien dire que c'est l'État lui-même qui
les subventionne.» Seulement, il n'a pas parlé de l'enterrement et j'ai senti que cela manquait dans sa plaidoirie. Mais 30
à cause de toutes ces longues phrases, de toutes ces journées

et ces heures interminables pendant lesquelles on avait parlé de mon âme, j'ai eu l'impression que tout devenait comme une eau incolore où je trouvais le vertige.

A la fin, je me souviens seulement que, de la rue et à
5 travers tout l'espace des salles et des prétoires, pendant que mon avocat continuait à parler, la trompette d'un marchand de glace a résonné jusqu'à moi. J'ai été assailli des souvenirs d'une vie qui ne m'appartenait plus, mais où j'avais trouvé les plus pauvres et les plus tenaces de mes joies: des odeurs
10 d'été, le quartier que j'aimais, un certain ciel du soir, le rire et les robes de Marie. Tout ce que je faisais d'inutile en ce lieu m'est alors remonté à la gorge[5] et je n'ai eu qu'une hâte, c'est qu'on en finisse et que je retrouve ma cellule avec le sommeil. C'est à peine si j'ai entendu mon avocat s'écrier,
15 pour finir, que les jurés ne voudraient pas envoyer à la mort un travailleur honnête perdu par une minute d'égarement, et demander les circonstances atténuantes pour un crime dont je traînais déjà, comme le plus sûr de mes châtiments, le remords éternel. La cour a suspendu l'audience et l'avocat
20 s'est assis d'un air épuisé. Mais ses collègues sont venus vers lui pour lui serrer la main. J'ai entendu: «Magnifique, mon cher.» L'un d'eux m'a même pris à témoin: «Hein?» m'a-t-il dit. J'ai acquiescé, mais mon compliment n'était pas sincère, parce que j'étais trop fatigué.
25 Pourtant, l'heure déclinait au dehors et la chaleur était moins forte. Aux quelques bruits de rue que j'entendais, je devinais la douceur du soir. Nous étions là, tous, à attendre. Et ce qu'ensemble nous attendions ne concernait que moi. J'ai encore regardé la salle. Tout était dans le même état

---

[5] **Tout ce que . . . m'est remonté à la gorge** The complete futility of my presence in the room seized me by the throat (**remonter à la gorge:** to rise in one's throat [*as when one vomits*])

que le premier jour. J'ai rencontré le regard du journaliste
à la veste grise et de la femme automate. Cela m'a donné
à penser que je n'avais pas cherché Marie du regard pendant
tout le procès. Je ne l'avais pas oubliée, mais j'avais trop à
faire. Je l'ai vue entre Céleste et Raymond. Elle m'a fait 5
un petit signe comme si elle disait: «Enfin», et j'ai vu son
visage un peu anxieux qui souriait. Mais je sentais mon
cœur fermé et je n'ai même pas pu répondre à son sourire.

La cour est revenue. Très vite, on a lu aux jurés une série
de questions. J'ai entendu «coupable de meurtre»... «pré- 10
méditation»... «circonstances atténuantes». Les jurés sont
sortis et l'on m'a emmené dans la petite pièce où j'avais
déjà attendu. Mon avocat est venu me rejoindre: il était très
volubile et m'a parlé avec plus de confiance et de cordialité
qu'il ne l'avait jamais fait. Il pensait que tout irait bien et 15
que je m'en tirerais avec quelques années de prison ou de
bagne. Je lui ai demandé s'il y avait des chances de cassation[6]
en cas de jugement défavorable. Il m'a dit que non. Sa
tactique avait été de ne pas déposer de conclusions pour ne
pas indisposer le jury. Il m'a expliqué qu'on ne cassait pas 20
un jugement, comme cela, pour rien. Cela m'a paru évident
et je me suis rendu à ses raisons.[7] A considérer froidement
la chose,[8] c'était tout à fait naturel. Dans le cas contraire, il
y aurait trop de paperasses inutiles. «De toute façon, m'a dit
mon avocat, il y a le pourvoi. Mais je suis persuadé que 25
l'issue sera favorable.»

Nous avons attendu très longtemps, près de trois quarts
d'heure, je crois. Au bout de ce temps, une sonnerie a retenti.

[6] des chances de cassation any chance of appealing

[7] je me suis rendu à ses raisons his argument convinced me (se rendre
aux raisons de quelqu'un : to allow oneself to be persuaded by someone's
arguments)

[8] A considérer froidement la chose To look at the matter objectively

Mon avocat m'a quitté en disant: «Le président du jury va lire les réponses. On ne vous fera entrer que pour l'énoncé du jugement.» Des portes ont claqué. Des gens couraient dans des escaliers dont je ne savais pas s'ils étaient proches 5 ou éloignés. Puis j'ai entendu une voix sourde lire quelque chose dans la salle. Quand la sonnerie a encore retenti, que[9] la porte du box s'est ouverte, c'est le silence de la salle qui est monté vers moi, le silence, et cette singulière sensation que j'ai eue lorsque j'ai constaté que le jeune journaliste 10 avait détourné ses yeux. Je n'ai pas regardé du côté de Marie. Je n'en ai pas eu le temps parce que le président m'a dit dans une forme bizarre que j'aurais la tête tranchée sur une place publique au nom du peuple français. Il m'a semblé alors reconnaître le sentiment que je lisais sur tous les vi- 15 sages. Je crois bien que c'était de la considération. Les gendarmes étaient très doux avec moi. L'avocat a posé sa main sur mon poignet. Je ne pensais plus à rien. Mais le président m'a demandé si je n'avais rien à ajouter. J'ai réfléchi. J'ai dit: «Non.» C'est alors qu'on m'a emmené.

[9] que = quand

5

chaplain

Pour la troisième fois, j'ai refusé de recevoir l'aumônier. Je n'ai rien à lui dire, je n'ai pas envie de parler, je le verrai bien assez tôt. Ce qui m'intéresse en ce moment, c'est d'échapper à la mécanique,[1] de savoir si l'inévitable peut avoir une issue. On m'a changé de cellule. De celle-ci, lorsque je 5 suis allongé, je vois le ciel et je ne vois que lui. Toutes mes journées se passent à regarder sur son visage le déclin des couleurs qui conduit le jour à la nuit. Couché, je passe les mains sous ma tête et j'attends. Je ne sais combien de fois je me suis demandé s'il y avait des exemples de condamnés 10 à mort qui eussent échappé au mécanisme implacable, disparu avant l'exécution, rompu les cordons d'agents. Je me reprochais alors de n'avoir pas prêté assez d'attention aux récits d'exécution. On devrait toujours s'intéresser à ces questions. On ne sait jamais ce qui peut arriver. Comme tout 15 le monde, j'avais lu des comptes rendus dans des journaux.

[1] **la mécanique** the machinery: the guillotine

125

Mais il y avait certainement des ouvrages spéciaux que je
n'avais jamais eu la curiosité de consulter. Là, peut-être,
j'aurais trouvé des récits d'évasion. J'aurais appris que dans
un cas au moins la roue s'était arrêtée, que dans cette précipi-
5 tation irrésistible, le hasard et la chance, une fois seulement,
avaient changé quelque chose. Une fois! Dans un sens, je
crois que cela m'aurait suffi. Mon cœur aurait fait le reste.
Les journaux parlaient souvent d'une dette qui était due à
la société. Il fallait, selon eux, la payer. Mais cela ne parle
10 pas à l'imagination. Ce qui comptait, c'était une possibilité
d'évasion, un saut hors du rite implacable, une course à la
folie qui offrît toutes les chances de l'espoir. Naturellement,
l'espoir, c'était d'être abattu au coin d'une rue, en pleine
course, et d'une balle à la volée.[2] Mais, tout bien considéré,
15 rien ne me permettait ce luxe, tout me l'interdisait, la mécanique me reprenait.

Malgré ma bonne volonté, je ne pouvais pas accepter cette
certitude insolente. Car enfin, il y avait une disproportion
ridicule entre le jugement qui l'avait fondée[3] et son déroule-
20 ment imperturbable à partir du moment où[4] ce jugement
avait été prononcé. Le fait que la sentence avait été lue à
vingt heures plutôt qu'à dix-sept, le fait qu'elle aurait pu
être tout autre, qu'elle avait été prise par des hommes qui
changent de linge, qu'elle avait été portée au crédit d'une
25 notion aussi imprécise que le peuple français (ou allemand,
ou chinois), il me semblait bien que tout cela enlevait
beaucoup de sérieux à une telle décision.[5] Pourtant, j'étais

---

[2] une balle à la volée a random shot
[3] qui l'avait fondée on which it (the certitude) was based (l' refers to
certitude)
[4] à partir du moment où starting at the moment when
[5] Le fait . . . une telle décision. The principal clause is at the end:
il me semblait bien que tout cela . . . etc. Tout cela refers to the enu-

obligé de reconnaître que, dès la seconde où elle avait été prise, ses effets devenaient aussi certains, aussi sérieux, que la présence de ce mur tout le long duquel j'écrasais mon corps.

Je me suis souvenu dans ces moments d'une histoire que[5] maman me recontait à propos de mon père. Je ne l'avais pas connu. Tout ce que je connaissais de précis sur cet homme, c'était peut-être ce que m'en disait alors maman: il était allé voir exécuter un assassin. Il était malade à l'idée d'y aller. Il l'avait fait cependant et au retour il avait vomi une partie de[10] la matinée. Mon père me dégoûtait un peu alors. Maintenant, je comprenais, c'était si naturel. Comment n'avais-je pas vu que rien n'était plus important qu'une exécution capitale et que, en somme, c'était la seule chose vraiment intéressante pour un homme! Si jamais je sortais de cette prison, j'irais[15] voir toutes les exécutions capitales. J'avais tort, je crois, de penser à cette possibilité. Car à l'idée de me voir libre par un petit matin derrière un cordon d'agents, de l'autre côté en quelque sorte, à l'idée d'être le spectateur qui vient voir et qui pourra vomir après, un flot de joie empoisonnée me[20] montait au cœur. Mais ce n'était pas raisonnable. J'avais tort de me laisser aller à ces suppositions parce que, l'instant d'après, j'avais si affreusement froid que je me recroquevillais sous ma couverture. Je claquais des dents sans pouvoir me retenir.[25]

Mais naturellement, on ne peut pas être toujours raisonnable. D'autres fois, par exemple, je faisais des projets de loi. Je réformais les pénalités. J'avais remarqué que l'essentiel

---

meration which comes before: **Le** fait que . . . le fait que . . . qu'elle (la sentence) avait été prise . . . etc.

qu'elle avait éte portee . . . le peuple français that it had been credited to so vague an entity as the French nation

était de donner une chance au condamné. Une seule sur mille, cela suffisait pour arranger bien des choses. Ainsi, il me semblait qu'on pouvait trouver une combinaison chimique dont l'absorption tuerait le patient (je pensais: le pa-
5 tient) neuf fois sur dix. Lui le saurait, c'était la condition. Car, en réfléchissant bien, en considérant les choses avec calme, je constatais que ce qui était défectueux avec le couperet, c'est qu'il n'y avait aucune chance, absolument aucune. Une fois pour toutes, en somme, la mort du patient
10 avait été décidée. C'était une affaire classée,[6] une combinaison bien arrêtée, un accord entendu et sur lequel il n'était pas question de revenir.[7] Si le coup ratait, par extraordinaire, on recommençait. Par suite, ce qu'il y avait d'ennuyeux, c'est qu'il fallait que le condamné souhaitât le bon fonction-
15 nement de la machine.[8] Je dis que c'est le côté défectueux. Cela est vrai, dans un sens. Mais, dans un autre sens, j'étais obligé de reconnaître que tout le secret d'une bonne organisation était là. En somme, le condamné était obligé de collaborer moralement. C'était son intérêt que tout marchât
20 sans accroc.

J'étais obligé de constater aussi que jusqu'ici j'avais eu sur ces questions des idées qui n'étaient pas justes. J'ai cru longtemps—et je ne sais pas pourquoi—que pour aller à la guillotine, il fallait monter sur un échafaud, gravir des
25 marches. Je crois que c'était à cause de la Révolution de 1789, je veux dire à cause de tout ce qu'on m'avait appris ou fait voir sur ces questions. Mais un matin, je me suis souvenu d'une photographie publiée par les journaux à

---

[6] une affaire classée a closed affair
[7] sur lequel . . . revenir which could not be gone back on (revenir sur un accord: to bring an agreement back for discussion again)
[8] la machine the guillotine

l'occasion d'une exécution retentissante. En réalité, la machine était posée à même le sol, le plus simplement du monde. Elle était beaucoup plus étroite que je ne le pensais. C'était assez drôle que je ne m'en fusse pas avisé plus tôt. Cette machine sur le cliché m'avait frappé par son aspect 5 d'ouvrage de précision, fini et étincelant. On se fait toujours des idées exagérées de ce qu'on ne connaît pas. Je devais constater au contraire que tout était très simple: la machine est au même niveau que l'homme qui marche vers elle. Il la rejoint comme on marche à la rencontre d'une personne. 10 Cela aussi était ennuyeux. La montée vers l'échafaud, l'ascension en plein ciel, l'imagination pouvait s'y raccrocher. Tandis que, là encore, la mécanique écrasait tout: on était tué discrètement, avec un peu de honte et beaucoup de précision. 15

Il y avait aussi deux choses à quoi je réfléchissais tout le temps: l'aube et mon pourvoi.⁹ Je me raisonnais cependant et j'essayais de n'y plus penser. Je m'étendais, je regardais le ciel, je m'efforçais de m'y intéresser. Il devenait vert, c'était le soir. Je faisais encore un effort pour détourner le cours de 20 mes pensées. J'écoutais mon cœur. Je ne pouvais imaginer que ce bruit qui m'accompagnait depuis si longtemps pût jamais cesser. Je n'ai jamais eu de véritable imagination. J'essayais pourtant de me représenter une certaine seconde où le battement de ce cœur ne se prolongerait plus dans ma 25 tête. Mais en vain. L'aube ou mon pourvoi étaient là. Je finissais par me dire que le plus raisonnable était de ne pas me contraindre.

C'est à l'aube qu'ils venaient, je le savais. En somme, j'ai occupé mes nuits à attendre cette aube. Je n'ai jamais aimé 30 être surpris. Quand il m'arrive quelque chose, je préfère

⁹ **mon pourvoi** my appeal (*legal term*)

être là. C'est pourquoi j'ai fini par ne plus dormir qu'un peu dans mes journées et, tout le long de mes nuits, j'ai attendu patiemment que la lumière naisse sur la vitre du ciel. Le plus difficile, c'était l'heure douteuse où je savais qu'ils
5 opéraient d'habitude. Passé minuit, j'attendais et je guettais. Jamais mon oreille n'avait perçu tant de bruits, distingué de sons si ténus. Je peux dire, d'ailleurs, que d'une certaine façon j'ai eu de la chance pendant toute cette période, puisque je n'ai jamais entendu de pas. Maman disait souvent
10 qu'on n'est jamais tout à fait malheureux. Je l'approuvais dans ma prison, quand le ciel se colorait et qu'un nouveau jour glissait dans ma cellule. Parce qu'aussi bien, j'aurais pu entendre des pas et mon cœur aurait pu éclater. Même si le moindre glissement me jetait à la porte, même si, l'oreille
15 collée au bois, j'attendais éperdument jusqu'à ce que j'entende ma propre respiration, effrayé de la trouver rauque et si pareille au râle d'un chien, au bout du compte mon cœur n'éclatait pas et j'avais encore gagné vingt-quatre heures.[10]
Pendant tout le jour il y avait mon pourvoi. Je crois que
20 j'ai tiré le meilleur parti de cette idée. Je calculais mes effets et j'obtenais de mes réflexions le meilleur rendement.[11] Je prenais toujours la plus mauvaise supposition: mon pourvoi était rejeté. «Eh bien, je mourrai donc.» Plus tôt que d'autres, c'était évident. Mais tout le monde sait que la vie ne vaut
25 pas la peine d'être vécue. Dans le fond, je n'ignorais pas que

[10] Même si . . . vingt-quatre heures. *The principal clauses are* au bout du compte mon cœur n'éclatait pas et j'avais encore gagné . . . *The subordinate clauses are* même si . . . , même si. . . .
[11] Je crois que . . . rendement I think I got from my thoughts the maximum returns (tirer le meilleur parti de: to get the highest returns from something; i.e., to get the most out of it). *Meursault desperately exploits to the maximum any small hope such as the possibility of appealing to get the sentence annulled. The vocabulary here is technically a business vocabulary.*

mourir à trente ans ou à soixante-dix ans importe peu[12] puisque, naturellement, dans les deux cas, d'autres hommes et d'autres femmes vivront, et cela pendant des milliers d'années. Rien n'était plus clair, en somme. C'était toujours moi qui mourrais, que ce soit maintenant ou dans vingt ans. 5 A ce moment, ce qui me gênait un peu dans mon raisonnement, c'était ce bond terrible que je sentais en moi à la pensée de vingt ans de vie à venir. Mais je n'avais qu'à l'étouffer en imaginant ce que seraient mes pensées dans vingt ans quand il me faudrait quand même en venir là. 10 Du moment qu'on meurt, comment et quand, cela n'importe pas, c'était évident. Donc (et le difficile, c'était[13] de ne pas perdre de vue tout ce que ce «donc» représentait de raisonnements), donc, je devais accepter le rejet de mon pourvoi.

A ce moment, à ce moment seulement, j'avais pour ainsi 15 dire le droit, je me donnais en quelque sorte la permission d'aborder la deuxième hypothèse: j'étais gracié. L'ennuyeux, c'est qu'il[14] fallait rendre moins fougueux cet élan du sang et du corps[15] qui me piquait les yeux d'une joie insensée. Il fallait que je m'applique à réduire ce cri, à le raisonner. Il 20 fallait que je sois naturel même dans cette hypothèse, pour rendre plus plausible ma résignation dans la première. Quand j'avais réussi, j'avais gagné une heure de calme. Cela, tout de même, était à considérer.

C'est à un semblable moment que j'ai refusé une fois de 25 plus de recevoir l'aumônier. J'étais étendu et je devinais

---

[12] mourir . . . importe peu it doesn't much matter whether one dies at thirty or at seventy

[13] et le difficile, c'était = ce qui était difficile, c'était

[14] L'ennuyeux, c'est que = ce qui était ennuyeux, c'est que (ennuyeux troublesome [a careful understatement])

[15] il fallait . . . du corps = il fallait rendre cet élan du corps moins fougueux (inversion)

l'approche du soir d'été à une certaine blondeur du ciel. Je venais de rejeter mon pourvoi et je pouvais sentir les ondes de mon sang circuler régulièrement en moi. Je n'avais pas besoin de voir l'aumônier. Pour la première fois depuis
5 bien longtemps, j'ai pensé à Marie. Il y avait de longs jours qu'elle ne m'écrivait plus. Ce soir-là, j'ai réfléchi et je me suis dit qu'elle s'était peut-être fatiguée d'être la maîtresse d'un condamné à mort. L'idée m'est venue aussi qu'elle était peut-être malade ou morte. C'était dans l'ordre des choses.
10 Comment l'aurais-je su puisqu'en dehors de nos deux corps maintenant séparés, rien ne nous liait et ne nous rappelait l'un à l'autre. A partir de ce moment, d'ailleurs, le souvenir de Marie m'aurait été indifférent. Morte, elle ne m'intéressait plus. Je trouvais cela normal comme je comprenais très
15 bien que les gens m'oublient après ma mort. Ils n'avaient plus rien à faire avec moi. Je ne pouvais même pas dire que cela était dur à penser.

C'est à ce moment précis que l'aumônier est entré. Quand je l'ai vu, j'ai eu un petit tremblement. Il s'en est aperçu, et
20 m'a dit de ne pas avoir peur. Je lui ai dit qu'il venait d'habitude à un autre moment. Il m'a répondu que c'était une visite tout amicale qui n'avait rien à voir avec mon pourvoi dont il ne savait rien. Il s'est assis sur ma couchette et m'a invité à me mettre près de lui. J'ai refusé. Je lui trouvais tout
25 de même un air très doux.

Il est resté un moment assis, les avant-bras sur les genoux, la tête baissée, à regarder ses mains. Elles étaient fines et musclées, elles me faisaient penser à deux bêtes agiles. Il les a frottées lentement l'une contre l'autre. Puis il est resté
30 ainsi, la tête toujours baissée, pendant si longtemps que j'ai eu l'impression, un instant, que je l'avais oublié.

Mais il a relevé brusquement la tête et m'a regardé en

face: «Pourquoi, m'a-t-il dit, refusez-vous mes visites?» J'ai
répondu que je ne croyais pas en Dieu. Il a voulu savoir si
j'en étais bien sûr et j'ai dit que je n'avais pas à me le demander: cela me paraissait une question sans importance.
Il s'est alors renversé en arrière et s'est adossé au mur, les 5
mains à plat sur les cuisses. Presque sans avoir l'air de me
parler, il a observé qu'on se croyait sûr, quelquefois, et, en
réalité, on ne l'était pas. Je ne disais rien. Il m'a regardé et
m'a interrogé: «Qu'en pensez-vous?» J'ai répondu que
c'était possible. En tout cas, je n'étais peut-être pas sûr de ce 10
qui m'intéressait réellement, mais j'étais tout à fait sûr de
ce qui ne m'intéressait pas. Et justement, ce dont il me
parlait ne m'intéressait pas.

Il a détourné les yeux et, toujours sans changer de position,
m'a demandé si je ne parlais pas ainsi par excès de désespoir. 15
Je lui ai expliqué que je n'étais pas désespéré. J'avais seulement peur, c'était bien naturel. «Dieu vous aiderait alors,
a-t-il remarqué. Tous ceux que j'ai connus dans votre cas se
retournaient vers lui.» J'ai reconnu que c'était leur droit.
Cela prouvait aussi qu'ils en avaient le temps. Quant à moi, 20
je ne voulais pas qu'on m'aidât et justement le temps me
manquait pour m'intéresser à ce qui ne m'intéressait pas.

A ce moment, ses mains ont eu un geste d'agacement,
mais il s'est redressé et a arrangé les plis de sa robe. Quand
il a eu fini, il s'est adressé à moi en m'appelant «mon ami»: 25
s'il me parlait ainsi ce n'était pas parce que j'étais condamné
à mort; à son avis, nous étions tous condamnés à mort. Mais
je l'ai interrompu en lui disant que ce n'était pas la même
chose et que, d'ailleurs, ce ne pouvait être, en aucun cas, une
consolation. «Certes, a-t-il approuvé. Mais vous mourrez plus 30
tard si vous ne mourez pas aujourd'hui. La même question
se posera alors. Comment aborderez-vous cette terrible

épreuve?» J'ai répondu que je l'aborderais exactement comme je l'abordais en ce moment.

Il s'est levé à ce mot et m'a regardé droit dans les yeux. C'est un jeu que je connaissais bien. Je m'en amusais souvent
5 avec Emmanuel ou Céleste et, en général, ils détournaient leurs yeux. L'aumônier aussi connaissait bien ce jeu, je l'ai tout de suite compris: son regard ne tremblait pas. Et sa voix non plus n'a pas tremblé quand il m'a dit: «N'avez-vous donc aucun espoir et vivez-vous avec la pensée que vous allez
10 mourir tout entier?—Oui», ai-je répondu.

Alors, il a baissé la tête et s'est rassis. Il m'a dit qu'il me plaignait. Il jugeait cela impossible à supporter pour un homme.[16] Moi, j'ai seulement senti qu'il commençait à m'ennuyer. Je me suis détourné à mon tour et je suis allé
15 sous la lucarne. Je m'appuyais de l'épaule contre le mur. Sans bien le suivre, j'ai entendu qu'il recommençait à m'interroger. Il parlait d'une voix inquiète et pressante. J'ai compris qu'il était ému et je l'ai mieux écouté.

Il me disait sa certitude que mon pourvoi serait accepté,
20 mais je portais le poids d'un péché dont il fallait me débarrasser. Selon lui, la justice des hommes n'était rien et la justice de Dieu tout. J'ai remarqué que c'était la première qui m'avait condamné. Il m'a répondu qu'elle n'avait pas, pour autant, lavé mon péché. Je lui ai dit que je ne savais
25 pas ce qu'était un péché. On m'avait seulement appris que j'étais un coupable. J'étais coupable, je payais, on ne pouvait rien me demander de plus. A ce moment, il s'est levé à nouveau et j'ai pensé que dans cette cellule si étroite, s'il

---

[16] Il jugeait cela . . . homme He thought no man could bear to live with such a belief. Cela *refers to Meursault's answer to the priest's question.*

voulait remuer, il n'avait pas le choix. Il fallait s'asseoir ou
se lever.

J'avais les yeux fixés au sol. Il a fait un pas vers moi et
s'est arrêté, comme s'il n'osait avancer. Il regardait le ciel à
travers les barreaux. «Vous vous trompez, mon fils, m'a-t-il 5
dit, on pourrait vous demander plus. On vous le demandera
peut-être.—Et quoi donc?—On pourrait vous demander de
voir.—Voir quoi?»

Le prêtre a regardé tout autour de lui et il a répondu d'une
voix que j'ai trouvée soudain très lasse: «Toutes ces pierres 10
suent la douleur, je le sais. Je ne les ai jamais regardées sans
angoisse. Mais, du fond du cœur, je sais que les plus miséra-
bles d'entre vous ont vu sortir de leur obscurité un visage
divin. C'est ce visage qu'on vous demande de voir.»

Je me suis un peu animé. J'ai dit qu'il y avait des mois 15
que je regardais ces murailles. Il n'y avait rien ni personne
que je connusse mieux au monde. Peut-être, il y a bien
longtemps, y avais-je cherché un visage. Mais ce visage avait
la couleur du soleil et la flamme du désir: c'était celui de
Marie. Je l'avais cherché en vain. Maintenant, c'était fini. Et 20
dans tous les cas, je n'avais rien vu surgir de cette sueur de
pierre.

L'aumônier m'a regardé avec une sorte de tristesse. J'étais
maintenant complètement adossé à la muraille et le jour me
coulait sur le front. Il a dit quelques mots que je n'ai pas 25
entendus et m'a demandé très vite si je lui permettais de
m'embrasser: «Non», ai-je répondu. Il s'est retourné et a
marché vers le mur sur lequel il a passé sa main lentement:
«Aimez-vous donc cette terre à ce point?» a-t-il murmuré.
Je n'ai rien répondu. 30

Il est resté assez longtemps détourné. Sa présence me

pesait et m'agaçait. J'allais lui dire de partir, de me laisser, quand il s'est écrié tout d'un coup avec une sorte d'éclat, en se retournant vers moi: «Non, je ne peux pas vous croire. Je suis sûr qu'il vous est arrivé de souhaiter une autre vie.»
5 Je lui ai répondu que naturellement, mais cela n'avait pas plus d'importance que de souhaiter d'être riche, de nager très vite ou d'avoir une bouche mieux faite. C'était du même ordre. Mais lui m'a arrêté et il voulait savoir comment je voyais cette autre vie. Alors, je lui ai crié: «Une vie où
10 je pourrais me souvenir de celle-ci», et aussitôt je lui ai dit que j'en avais assez. Il voulait encore me parler de Dieu, mais je me suis avancé vers lui et j'ai tenté de lui expliquer une dernière fois qu'il me restait peu de temps. Je ne voulais pas le perdre avec Dieu. Il a essayé de changer de sujet en me
15 demandant pourquoi je l'appelais «monsieur» et non pas «mon père». Cela m'a énervé et je lui ai répondu qu'il n'était pas mon père: il était avec les autres.

«Non, mon fils, a-t-il dit en mettant la main sur mon épaule. Je suis avec vous. Mais vous ne pouvez pas le savoir
20 parce que vous avez un cœur aveugle. Je prierai pour vous.»

Alors, je ne sais pas pourquoi, il y a quelque chose qui a crevé en moi.[17] Je me suis mis à crier à plein gosier[18] et je l'ai insulté et je lui ai dit de ne pas prier. Je l'avais pris par le collet de sa soutane. Je déversais sur lui tout le fond de
25 mon cœur avec des bondissements mêlés de joie et de colère. Il avait l'air si certain, n'est-ce pas? Pourtant, aucune de ses certitudes ne valait un cheveu de femme. Il n'était même pas sûr d'être en vie puisqu'il vivait comme un mort. Moi, j'avais l'air d'avoir les mains vides. Mais j'étais sûr de moi,

---

[17] *Alors . . . a crevé en moi.* This is the turning point in Meursault's attitude, the moment when he consciously realizes the value of life.
[18] **crier à plein gosier** to shout at the top of my lungs

sûr de tout, plus sûr que lui, sûr de ma vie et de cette mort
qui allait venir. Oui, je n'avais que cela. Mais du moins, je
tenais cette vérité autant qu'elle me tenait. J'avais eu raison,
j'avais encore raison, j'avais toujours raison. J'avais vécu de
telle façon et j'aurais pu vivre de telle autre. J'avais fait ceci 5
et je n'avais pas fait cela. Je n'avais pas fait telle chose alors
que j'avais fait cette autre. Et après? C'était comme si
j'avais attendu pendant tout le temps cette minute et cette
petite aube où je serais justifié. Rien, rien n'avait d'importance et je savais bien pourquoi. Lui aussi savait pourquoi. 10
Du fond de mon avenir, pendant toute cette vie absurde que
j'avais menée, un souffle obscur remontait vers moi à travers
des années qui n'étaient pas encore venues et ce souffle éga-
lisait sur son passage tout ce qu'on me proposait alors dans
les années pas plus réelles que je vivais. Que m'importaient 15
la mort des autres, l'amour d'une mère, que m'importaient
son dieu, les vies qu'on choisit, les destins qu'on élit, puisqu'un seul destin devait m'élire moi-même et avec moi des
milliards de privilégiés qui, comme lui, se disaient mes
frères. Comprenait-il, comprenait-il donc? Tout le monde 20
était privilégié. Il n'y avait que des privilégiés. Les autres
aussi, on les condamnerait un jour. Lui aussi, on le condamnerait. Qu'importait si, accusé de meurtre, il était exé-
cuté pour n'avoir pas pleuré à l'enterrement de sa mère?
Le chien de Salamano valait autant que sa femme. La petite 25
femme automatique était aussi coupable que la Parisienne
que Masson avait épousée ou que Marie qui avait envie que
je l'épouse. Qu'importait que Raymond fût mon copain
autant que Céleste qui valait mieux que lui? Qu'importait
que Marie donnât aujourd'hui sa bouche à un nouveau 30
Meursault? Comprenait-il donc, ce condamné, et que du
fond de mon avenir... J'étouffais en criant tout ceci. Mais,

déjà, on m'arrachait l'aumônier des mains et les gardiens me menaçaient. Lui, cependant, les a calmés et m'a regardé un moment en silence. Il avait les yeux pleins de larmes. Il s'est détourné et il a disparu.

5 Lui parti,[19] j'ai retrouvé le calme. J'étais épuisé et je me suis jeté sur ma couchette. Je crois que j'ai dormi parce que je me suis réveillé avec des étoiles sur le visage. Des bruits de campagne montaient jusqu'à moi. Des odeurs de nuit, de terre et de sel rafraîchissaient mes tempes. La merveilleuse 10 paix de cet été endormi entrait en moi comme une marée. A ce moment, et à la limite de la nuit, des sirènes ont hurlé. Elles annonçaient des départs pour un monde qui maintenant m'était à jamais indifférent. Pour la première fois depuis bien longtemps, j'ai pensé à maman. Il m'a semblé 15 que je comprenais pourquoi à la fin d'une vie elle avait pris un «fiancé», pourquoi elle avait joué à recommencer. Là-bas, là-bas aussi, autour de cet asile où des vies s'éteignaient, le soir était comme une trêve mélancolique. Si près de la mort, maman devait s'y sentir libérée et prête à tout revivre. 20 Personne, personne n'avait le droit de pleurer sur elle. Et moi aussi, je me suis senti prêt à tout revivre. Comme si cette grande colère m'avait purgé du mal, vidé d'espoir, devant cette nuit chargée de signes et d'étoiles, je m'ouvrais pour la première fois à la tendre indifférence du monde. De 25 l'éprouver si pareil à moi, si fraternel enfin, j'ai senti que j'avais été heureux, et que je l'étais encore. Pour que tout soit consommé, pour que je me sente moins seul, il me restait à souhaiter qu'il y ait beaucoup de spectateurs le jour de mon exécution et qu'ils m'accueillent avec des cris de 30 haine.

[19] **Lui parti** When he had left

VOCABULAIRE

Some of the most elementary words have been omitted, as have those that are identical in form and meaning in both English and French. The participial forms are listed separately only when they have a special meaning that cannot be deduced from the infinitive. Abbreviations are as follows:

adv. adverb
coll. colloquial
f. feminine noun
m. masculine noun
pl. plural
pop. popular
pron. pronoun

A

abandon *m.* desertion, neglect; être à l'— to be abandoned
abandonner to abandon
abattre to depress, dishearten; to strike down
abondant, -e abundant
abord *m.* approach, manner; d'— first
aborder to accost, address, approach; to touch on
aboyer to bark
absolu *m.* absolute

absolument absolutely
absorber to absorb; to engross the attention of
absurd, -e absurd
accabler to overwhelm
accepter to accept
accompagner to accompany
accomplir to accomplish
accord *m.* agreement; d'— in agreement, in collusion; se sentir d'— to be in agreement
accorder to grant
accroc *m.* hitch
accroître to augment, enlarge, increase
(s') accroupir to squat, crouch
accueillir to receive, accept, believe, greet
accumuler to accumulate
accusation *f.* prosecution; acte d'— charge
accusé *m.* accused, defendant

acharnement *m.* fierceness, furious obstinacy

acheter to buy

acier *m.* steel

acquérir to acquire

acquiescer to acquiesce, agree

acquitter to acquit

acte *m.* act; — d'accusation charge

adapter to adapt; s'— to get used

addition *f.* bill; faire l'— to add up the bill

adosser to lean

adresse *f.* address

adresser to address; s'— to address oneself, have recourse

adversaire *m.* adversary

affaire *f.* business, job, deal, affair, case; *pl.* business; avoir — à to deal with

affaissé, -e depressed, sunk, in low spirits

affecter to affect, move, touch

affectueu-x, -se affectionate

affirmation *f.* affirmation, assertion

affirmer to affirm, assure

affluer to flow, abound, arrive in abundance

affreusement frightfully

agacement *m.* vexation

âge *m.* age

âgé, -e old, aged

agent *m.* policeman

aggraver to aggravate, make worse

agir to act; s'— de to be a question of

agiter to agitate, excite; to wave; s'— to fret, fidget

agripper to clutch, seize eagerly

aide *f.* aid, help

aider to help

aigu, -ë sharp, shrill

aile *f.* wing; *pl.* brim

ailleurs elsewhere; d'— besides, moreover, nevertheless

aimable pleasant, kind

aimer to like, love

ainsi so, thus; pour — dire so to speak

air *m.* air; avoir l'— to look, appear

aisance *f.* ease; baquet d'—s latrine bucket

aise *f.* ease, comfort; mal à l'— uncomfortable; se mettre à l'— to make oneself comfortable

ajouter to add

alcool *m.* alcohol; lampe à — spirit-lamp or -stove

allemand, -e German

aller to go; to fit; — en promenade to go for a walk

(s') allonger to lie down

allumer to light; s'— to light up

allure *f.* look, appearance, demeanor; pace

alors then, well; — même que even when; — que when, while

altéré, -e distorted, altered

alternance *f.* alternation

(s') amasser to accumulate

âme *f.* soul

am-er, -ère bitter

amertume *f.* bitterness

ami, -e friend

amical, -e friendly

amidonner to starch
(s') amonceler to gather, accumulate
amoureu-x, -se in love; — de in love with
amuser to amuse; s'— to have a good time
an *m.* year
ancien, -ne former
ancre *f.* anchor
ange *m.* angel
angle *m.* corner
angoisse *f.* anguish
(s') animer to become animated
année *f.* year
annoncer to announce
anonyme anonymous
Antéchrist *m.* Antichrist
anxieu-x, -se anxious, nervous
août *m.* August
apaiser to appease
apercevoir to perceive, descry; s'— to notice, observe
(s') aplatir to fall flat
aplomb *m.* perpendicularity; d'— perpendicularly
apparemment apparently
apparent, -e apparent
appartement *m.* apartment
appartenir to belong
appel *m.* appeal, call, summoning
appeler to call; en — à to appeal to; s'— to be named
application *f.* care, diligence
(s') appliquer to apply oneself, try
apporter to bring
appréciation *f.* estimation, evaluation

apprécier to appreciate
apprendre to learn, inform, teach
approche *f.* approach
approcher to approach, advance; s'— de to approach, draw near
approuver to approve, agree with
appui *m.* support; prendre — to catch hold
(s') appuyer to lean, rest
après, after, afterwards; et —? so what?; l'instant d'— the next instant
après-demain *m.* the day after tomorrow
après-midi *m. or f.* afternoon
Arabe *m.* Arab
arbre *m.* tree
argent *m.* silver, money
armé, -e armed
armoire *f.* wardrobe, cupboard
arrachement *m.* rooting-up, pulling, extraction
arracher to tear away
arranger to arrange; s'— to prepare oneself, make arrangements, manage
arrestation *f.* arrest
arrêt *m.* stop
arrêter to stop; to decide; s'— to stop, pause
arrière *m.* back part, rear; en — backwards; en — de behind
arrivant *m.* arrival
arriver to arrive; to manage; to happen
articuler to articulate
artiste *m.* artist
asile *m.* asylum, home (*for the aged, etc.*)

asphodèle *m.* asphodel
assaillir to assault, assail
assassiner to assassinate
(s') asseoir to sit down
assez enough; rather
assiette *f.* plate
assises *f. pl.* assizes
assistants *m. pl.* those present
assister to attend, be present; to assist
(s') assombrir to darken, become dark
(s') assoupir to doze
assourdi, -e muffled, subdued
assourdissant, -e deafening
assurer to assure
asymétrique asymmetrical
atelier *m.* workshop
athée *m. or f.* atheist
atroce atrocious
attacher to attach
atteindre to reach, strike
attendre to wait (for), expect
attentat *m.* outrage, criminal attempt
attente *f.* waiting
attention *f.* attention; faire — to pay attention, be careful
attentivement attentively
atténuer to attenuate
attirer to draw, attract
attraper to catch
aube *f.* dawn
aucun, -e any, no, no one, not any
audacieu-x, -se audacious
au-dessous below
au-dessus above
audience *f.* hearing, court session

audition *f.* hearing
augmenter to augment, increase, make larger
aujourd'hui today
aumonier *m.* chaplain
auparavant previously, first
aussi also; — bien just as well
aussitôt at once
autant as much; pour — for all that; pour — dire you might as well say, as a matter of fact; — que as much as
auteur *m.* author
auto *f.* car
autobus *m.* bus
automate *m. or f.* automaton, robot
automatique automatic
autorisation *f.* authorization, consent
autour de around, about
autre other, otherwise
autrui others, other people
avance *f.* advance; d'— in advance; en — ahead of time
avancer to advance, state; s'— to advance
avant before; — de before; en — in front, forward; — que before
avantage *m.* advantage
avant-bras *m.* forearm
avenir *m.* future
aventure *f.* adventure
avertir to inform, warn
avertissement *m.* warning
aveugle *m.* blind man
aveugler to blind
avis *m.* opinion

(s') aviser to think

avocat *m.* lawyer; — général prosecutor

avoir to have; (*of age*) to be; — à to have to; — à faire to have things to do; — affaire à to deal with; — beau faire to try in vain; — besoin de to need; — chaud to be warm *or* hot; — du mal à faire quelque chose to have difficulty in doing something; — envie de to want, crave; — faim to be hungry; — froid to be cold; — honte to be ashamed; — l'air to look, appear; — le trac to be nervous, have cold feet, have stage fright, be scared; — mal à to have a pain in; — peur to be afraid; — raison to be right; — sommeil to be sleepy; — tort to be wrong; il y a quelques mois several months ago; il y avait longtemps qu'ils se connaissaient they had known each other for a long time; on les a eus we licked them, we had them, we got the better of them; qu'avez-vous? what's wrong with you?

B

bagarre *f.* row, hubbub, scuffle

bagne *m.* penal servitude, transportation

baie *f.* bay window

baigner to be immersed; se — to swim

baigneur *m.* swimmer

bailler to yawn

bain *m.* swimming pool; swim; prendre des —s to go swimming

baisser to lower; se — to bend down

balancer to balance, swing

balayer to sweep

balcon *m.* balcony

ballant, -e swinging, loose, pendulous

balle *f.* bullet

banc *m.* bench, dock

bandeau *m.* headband, bandage

bander to bandage

banlieue *f.* outskirts, suburbs

banquette *f.* bench

baquet *m.* bucket; — d'aisances latrine bucket

baraque *f.* booth, stall

barre *f.* bar, witness stand

barreau *m.* bar

barrière *f.* gate, fence

bas *m.* stocking

bas, -se low

basculer to sway up and down, fall, tip over

basse *f.* bass; — continue ground bass

bat-flanc *m.* plank bed

bâtiment *m.* building

battement *m.* beating

battre to beat; se — to fight

bavarder to gossip, chat

beau, bel, belle, beaux, belles beautiful, handsome, fine; avoir — faire to try in vain; faire — to be fine (*of weather*)

beaucoup much, many, a great deal

bec m. beak; **prise de —** dispute, quarrel, set-to

bégayer to stammer, stutter

belette f. weasel

besogne f. job

besoin m. want, need; **avoir — de** to need; **subvenir aux — de** to provide for the wants of

bête f. beast, animal

biberon m. feeding bottle

bien well, very; **aussi —** just as well; **si — que** so that; **— sûr** certainly, of course

bien m. good, benefit

bière f. coffin, bier

billard m. billiards

billet m. ticket

bizarre strange, queer, extraordinary

blafard, -e pale, wan, leaden

blanc, blanche white

blancheur f. whiteness

blanchir to whiten, pain white; **— à la chaux** to whitewash

blasphème m. blasphemy

blessant, -e offensive

blesser to wound

blessure f. wound

bleu, -e blue; **(bleu) de chauffe** dungarees

blondeur f. blondness

boire to drink

bois m. wood

bombé, -e convex, bulging

bon, -ne good; **faire —** to be pleasant (of weather); **ce que — lui semblait** what it pleased

bond m. bound, leap

bonder to cram, overload, fill completely

bonheur m. happiness

bonhomme m. man, fellow

bondissement m. bounding, leaping

bonjour m. greetings, compliments; **donner le —** to send regards

bonsoir m. good evening, good night

bord m. edge, border

bordel m. brothel

border to border

bordure f. edge, curb

borner to limit

bouche f. mouth

boudin m. black pudding

boue f. mud

bouée f. buoy, life buoy

bouger to budge, stir, move

bouillir to boil

bourdonner to buzz

bout m. end, tip, bit; **au — du compte** after all

bouteille f. bottle

boutiquier m. shopkeeper

bouton m. button

boxeur m. boxer

bracelet m. bracelet

brandir to wave

bras m. arm; **en — de chemise** in shirtsleeves

brassard m. arm band

brasse f. stroke; **nager à la —** to use the breast stroke in swimming

brasser to stir, churn

brave good, decent
bredouiller to stammer, mumble
bref, brève brief
brièvement briefly
brillant, -e brilliant, shiny
briller to shine
briser to break; se — to break to
pieces, be refracted
broder to embroider
brou *m.* husk; — de noix walnut
husk
bruit *m.* noise
brûlant, -e burning
brûler to burn
brûlure *f.* burn, burning
brun, -e brown
brunir to darken, tan
brusquement suddenly, abruptly
bruyamment loudly
bulle *f.* bubble
bureau *m.* office, desk, shop
buter to stumble

C

ça: *contraction of* cela that, that
thing
cabanon *m.* beach cottage
cabinet *m.* office
câbler to cable
cacher to hide
cacheter to seal
café *m.* coffee; café, coffeehouse;
— au lait coffee with milk
cafetière *f.* coffeepot
cage *f.* cage; — d'escalier stair
well
cahier *m.* notebook
cahot *m.* jolt, shake

calculer to calculate
calme calm; *m* calm(ness)
calmer to calm; se — to become
calm, abate, subside
calotte *f.* crown of a hat
camarade *m.* comrade, fellow
camion *m.* truck
campagne *f.* country, countryside
canne *f.* stick, cane
canotier *m.* straw hat
cap *m.* cape
capital, -e (-aux) capital
car because, for, since
caractère *m.* character, temper;
avoir mauvais — to be ill-
tempered
caresser to caress, stroke
cargo *m.* cargo-boat
carré, -e square, well-set, firmly
seated; *m.* square
carreau *m.* square; mouchoir à
—x checkered handkerchief
carrer to square; se — to stand or
sit squarely
carrière *f.* career
carte *f.* menu
cas *m.* case; en tout —, dans tous
les — in any case, at any rate
casquette *f.* cap
cassation *f.* annulment, appeal
cassé, -e broken; col — wing
collar
casser to appeal (a judgment)
cause *f.* cause; à — de because
of; en pleine connaissance de
— quite deliberately
causer to cause
ce, cet, cette, ces this, that, these,
those

ceci this, this thing
céder to yield
ceinture *f.* belt
cela that, that thing
cellulaire cellular; **voiture —** prison van
cellule *f.* cell
celui, celle, ceux, celles this, that, these, those; **— -ci** the latter
cendre *f.* ash
cent hundred
centre *m.* center, main part
cependant however
cercler to encircle
certain, -e certain, some; **certaine- ment** certainly
certes certainly
certitude *f.* certainty, certitude
cesse *f.* ceasing; **sans —** unceasingly
cesser to cease, stop
chacun, -e each, each one, everybody
chaîne *f.* chain
chair *f.* flesh
chaise *f.* chair
chaleur *f.* warmth, heat
chalutier *m.* fishing smack, trawler
chambre *f.* room, bedroom
champ *m.* field, space
chance *f.* luck
chancre *m.* canker, chancre
changement *m.* change
changer to change; **— de visage** to change one's expression
chant *m.* song
chanter to sing
chaque each, every

charbonner to carbonize, become charred, smoke
charge *f.* accusation
chargement *m.* load, cargo
charger to commission, charge, load; **se — (de)** to take charge (of), be responsible (for)
charmant, -e charming
charogne *f.* carrion, carcass; pest
charrier to convey, be loaded with
chat *m.* cat
châtiment *m.* punishment
chaud, -e warm, hot; **avoir —** to be warm *or* hot; **faire —** to be warm *or* hot (*of weather*)
chauffer to warm (up)
chauve bald
chaux *f.* lime; **blanchir à la —** to whitewash
chef *m.* chief, head
chemin *m.* road, way; **— de fer** railroad; **faire le —** to make the trip
chemise *f.* shirt; **en bras de —** in shirtsleeves
cher, chère dear; **coûter —** to be expensive
chercher to look for, fetch
cheval (*pl.* -aux) *m.* horse
chevalet *m.* sawhorse
cheveu (*pl.* -x) *m.* hair; **en —x** hatless, bare-headed
chez at, in, into, *or* to the house *or* establishment of; **— Céleste** at Céleste's
chien *m.* dog
chiffre *m.* figure
chimique chemical
chinois, -e Chinese

chocolat *m.* chocolate
chœur *m.* chorus, choir; enfant de — choir-boy, altar-boy
choisir to choose
choix *m.* choice; ne pas avoir le — to have no alternative
chose *f.* thing; quelque — something
chrétien *m.* Christian
ciel *m.* sky
cimetière *m.* cemetery
cinéma *m.* moving pictures
cinq five
cinquantaine *f.* (about) fifty
cintré, -e arched, curved; tight at the waist
circonstance *f.* circumstance
circuler to circulate
ciré, -e waxed; toile —e oilcloth
citer to cite
clair, -e light, bright, limpid, luminous; clear; obvious
clappement *m.* smacking
claque *f.* slap, smack
claquer to clack, bang, slam
clarté *f.* brightness, clearness; enlightenment
classer to class, classify, rank, file; to settle
classeur *m.* file cabinet
claudiquer to limp
cliché *m.* photograph
client *m.* customer
cloche *f.* bell
cloison *f.* partition
clos, -e closed
clouer to nail down, pin down, fasten down
club *m.* club, association

cocher *m.* coachman, driver
cocher to notch
cœur *m.* heart, central point; le — léger with an easy conscience, without a qualm
coin *m.* corner
col *m.* collar; — cassé wing collar
colère *f.* anger; se mettre en — to become angry
collaborer to collaborate
collègue *m. or f.* colleague
coller to paste, press close; se — to stick, cling
collet *m.* collar, neckband
collier *m.* collar
colline *f.* hill
colorer to color; se — to become colored
combien how much, how many, to what extent
combinaison *f.* combination
comique comical
commandement *m.* commandment
commander to command
comme as, since, because
commencer to begin
comment how, what?
commissariat *m.* police station
commode comfortable, well adapted, convenient
commun, -e common; à frais —s sharing expenses
commutateur *m.* switch
compagne *f.* companion
compagnie *f.* company
compagnon *m.* companion, fellow, associate

compatir to sympathize (with)
compenser to compensate
complaisance *f.* obliging kindness
compl-et, -ète complete; complètement completely
compléter to complete
complice *m.* accomplice
comprendre to understand
compte *m.* account; au bout du — after all; avoir son — to have one's due, have enough; rendre — to report; — rendu *m.* report; se rendre — to realize; tout — fait when everything is taken into consideration
compter to count, take into account
concerner to concern
concierge *m. or f.* caretaker, doorkeeper
conciliabule *m.* secret meeting *or* deliberation
conclure to conclude
condamné *m.* condemned person
condamner to condemn
condoléances *f. pl.* condolence
conduire to conduct, escort
confiance *f.* confidence; faire — to have confidence
(se) confier to trust (in), rely (on)
conforme similar
confort *m.* comfort
confrère *m.* colleague
confus, -e confused
congé *m.* leave, holiday
connaissance *f.* knowledge; en pleine— de cause with thor-

ough knowledge, quite deliberately
connaissement *m.* bill of lading, invoice
connaître to know; — de vue to know by sight
conquête *f.* conquest
consacré, -e consecrated
conscience *f.* conscience; reprendre — to become aware of again
conseil *m.* counsel, advice
conseiller to advise
consentir to consent
conséquence *f.* consequence; en — accordingly
considération *f.* considerateness, esteem
considérer to consider
consister to consist
consommer to consummate
constater to ascertain, note
consulter to look at, consult
contempler to contemplate
content, -e content, satisfied, happy
contentement *m.* contentment, satisfaction
contenter to content, please; se — to be satisfied
continu, -e continuous; basse —e ground bass
continuer to continue
contraindre to compel, constrain, put a restraint on
contraire *m.* contrary, opposite; au — on the contrary
contrairement contrarily; — à contrary to, unlike

contrarier to oppose, cross

contre against

contretemps *m.* mischance, hitch, unexpected circumstance

contrôler to check, verify

convenances *f. pl.* propriety, decorum, good manners

convenir to agree

converser to converse

convoi *m.* funeral procession

convoquer to summon

copain *m.* (*pop.*) pal

coque *f.* hull, body of a ship

coquillage *m.* shell

corbillard *m.* hearse

cordial, -e cordial; cordialement cordially

cordialité *f.* cordiality

cordon *m.* ribbon, band, string, cordon; —s de souliers shoelaces

corps *m.* body

correctement correctly

cortège *m.* procession

costume *m.* suit; — marin sailor suit

côté *m.* side; à — beside the point, irrelevantly; à — de alongside; de l'autre — on the other side; du — de in the direction of

cou *m.* neck

coucher to lay, lie, sleep; se — to go to bed

couchette *f.* bed, bunk

coude *m.* elbow

couler to flow; se — to slip

couleur *f.* color

couloir *m.* corridor, hall

coup *m.* blow, stroke, shot, beat; à — sûr to a certainty, for certain; — de pied kick; d'un — at a glance; d'un —, tout d'un — all at once

coupable guilty; *m.* criminal, culprit

couper to cut; to interrupt; — au plus court to take a short cut

couperet *m.* cleaver, chopper, guillotine blade

cour *f.* courtyard, court

courbe *f.* curve

courir to run

cours *m.* course

course *f.* race, run

court, -e short; couper au plus — to take a short cut

courtoisie *f.* courtesy

couteau *m.* knife

coûter to cost; — cher to be expensive

coutume *f.* custom

couvercle *m.* lid

couvert *m.* knife and fork

couverture *f.* blanket

couvrir to cover

crachat *m.* spit, spittle, expectoration

cracher to spit

crâne *m.* skull, cranium

crapuleu-x, -se crapulent, filthy, squalid, sordid

craquer to crack, creak; plein à — filled to the bursting point

cravate *f.* necktie

crayon *m.* pencil

crépitement *m.* crackling

crête *f.* crest

creuser to hollow, sink

creu-x, -se hollow, empty

crever (*of animals*) to die; to burst

cri *m.* cry, squeak

crier to shout, scream, cry

criminel, -le criminal; *m.* criminal

crisper to contract, tighten; se — to contract

croire to believe

croiser to cross, pass

crosse *f.* butt end

crottin *m.* dung

croûte *f.* crust, scab

croûteu-x, -se scabby

cru, -e raw

cueillir to gather

cuir *m.* leather

cuirassé, -e cuirassed, armored

cuire to cook

cuisine *f.* kitchen; cooking

cuisse *f.* thigh

cuivre *m.* copper, brass

culotte *f.* breeches, pants

culpabilité *f.* guilt

curé *m.* Catholic parish priest

curieu-x, -se curious

curiosité *f.* curiosity

cuvette *f.* basin

cymbale *f.* cymbal

cyprès *m.* cypress

D

dactylo(graphe) *m. or f.* typist

dame *f.* lady

dans in, within

danser to dance

dater to date

(se) débarrasser to get rid of, take off

débat *m.* debate; pl. proceedings

débauche *f.* debauchery

déborder to overflow, burst forth

debout standing up

débris *m.* fragment

début *m.* beginning

décéder to die, decease

décidé, -e decided, resolute

décider to decide

déclarer to declare

déclin *m.* decline

décliner to inflect, state, go through; to be on the wane

décor *m.* decoration, scenery

découper to cut out

décourager to discourage, dishearten

découvrir to disclose, discover; se — to clear up

défait, -e unmade

défavorable unfavorable

défectueu-x, -se defective

défendre to defend; to forbid

défenseur *m.* defending attorney

déferler to unfurl

définissable definable

dégoût m. disgust

dégoûter to disgust

dégoutter to drip

dehors outside, out of doors; au — outside; en — de beyond, outside of

déjà already

déjeuner to take breakfast *or* lunch; *m.* lunch

delà beyond; au — de beyond

délégué, -e delegated, assigned

delivrance *f.* deliverance, release

demain tomorrow

demande *f.* question, request

demander to ask (for), request; se — to wonder

demeurer to remain

demi, -e half; à — halfway; midi et — twelve-thirty

demi-journée *f.* half-day

demi-tour *m.* half-turn

demi-voix *f.* half-voice, low voice

démontrer to demonstrate

dénombrer to enumerate

dénoncer to denounce

dent *f.* tooth

dentelle *f.* lace

départ *m.* departure

dépasser to pass, go beyond, outstrip

(se) dépêcher to hurry

dépeindre to depict, describe

déplacer to move

déplaire to displease

déposer to depose

dépouiller to skin, strip; to go through

déprimer to depress

depuis since; — toujours forever, always

déraisonnable unreasonable

déranger to disturb

derni-er, -ère last; ce — *m.* the latter

déroulement *m.* unfolding

dérouler to unroll, unfold

derrière behind

dès from, beginning with; — que as soon as

désastreu-x, -se disastrous

descendre to go down, bring down; (*coll.*) to kill

déséquilibrer to throw out of balance

désert, -e deserted

désespéré, -e desperate, in despair

désespoir *m.* despair

désigner to designate

désir *m.* desire, wish

désirer to desire, want

désordonné, -e reckless

dessiner to draw, delineate; to set off; se — to take shape, stand out in relief

dessus on, upon, on top

destin *m.* destiny

destinée *f.* destiny, fate

détaché, -e detached

(se) detacher to stand out in relief

détendre to relax, slacken

détention *f.* imprisonment

détenu *m.* prisoner

détester to detest

détourner to turn aside

détruire to destroy, ruin

dette *f.* debt

deuil *m.* mourning

deux two; à — heures at two o'clock

deuxième second

dévaler to descend

devant before, in front of; *m.* front

devanture *f.* shop window, shop front

devenir to become; **qu'est-ce que je vais —?** what will become of me?

déverser to pour, cause to flow

dévier to deviate

deviner to guess

dévisser to unscrew

devoir must, ought (to), should, to have to, owe; *m.* duty

dévorer to devour

Dieu *m.* God

difficile difficult

dignité *f.* dignity

dimanche *m.* Sunday

diminuer to diminish

dîner to dine, have dinner; *m.* dinner

dire to say, describe; **pour ainsi — so** to speak; **se — to** call oneself, pretend to be; **vouloir — to** mean

directement directly, straight

directeur *m.* director, manager

diriger to direct; **se — (***with* **vers)** to make for, head for

discrètement discreetly

discuter to discuss

disloquer to dislocate, put out of joint

disparaître to disappear

disparu, -e *m. and f.* the one who has disappeared, the deceased

disposé, -e prepared, inclined, ready

disposer to dispose, lay out, arrange

disposition *f.* disposal, command

dispute *f.* quarrel

distendre to distend

distinctement distinctly

distingué, -e distinguished, refined; **sentiments —s** very truly yours, faithfully yours

distinguer to distinguish

distraire to divert, distract

divers, -e diverse; **fait —** piece of miscellaneous news

divin, -e divine

dix ten

dix-huit eighteen

dix-sept seventeen; **— heures** five o'clock

dizaine *f.* (about) ten

docteur *m.* doctor

dodeliner to rock, wag

doigt *m.* finger; **— de pied** toe

doit *m.* duty, tax

dominer to overlook; to keep under control

donc then, therefore

donner to give; **— à penser** to make think, remind; **à un moment donné** at a certain point; **— le bonjour** to send regards; **— sur** to open on, look out on, overlook

dont of whom, of which, whose

doré, -e golden

dormir to sleep

dos *m.* back

dossier *m.* record, file; back-piece

doublement doubly

doucement slowly, gently

doucereu-x, -se affectedly mild

douceur *f.* sweetness, softness

douleur *f.* sorrow

douloureu-x, -se painful, sore

doute *m.* doubt; sans — doubt-
less
douter to doubt
douteu-x, -se doubtful, question-
able, dirty
doux, douce sweet, mild, gentle
douzaine *f.* dozen
douze twelve
drame *m.* drama
drap *m.* cloth, sheet
draper to drape; se — to drape
oneself; (*fig.*) to attitudinize
dresser to erect, draw up
droit *m.* right, privilege; *adv.*
straight; tout — right straight
drôle funny
dû, due owed
dur, -e hard
durer to last

E

eau *f.* water
ébranler to shake
ébrécher to notch, chip
écaille *f.* scale
écartelé, -e tortured
écarter to dispel, spread out, separate, push away
échafaud *m.* scaffold, gallows
échanger to exchange
échapper to escape
éclaboussement *m.* splashing
éclairage *m.* lighting, illumina-
tion
éclairer to light up
éclat *m.* brightness, burst, explosion
éclatant, -e bright, brilliant, dazzling

éclatement *m.* bursting, explosion
éclater to split, break in pieces,
burst out
(s') écouler to flow away
écouter to listen (to)
écran *m.* screen
écraser to crush, overwhelm
(s') écrier to cry out, exclaim
écrire to write
(s') écrouler to collapse
écume *f.* foam
effet *m.* effect; en — to be sure,
as a matter of fact, in fact
effleurer to graze, stroke lightly
(s') efforcer to strive, force oneself
effrayer to frighten
égal, -e equal; être — to be all
the same
égaliser to make equal, level
égard *m.* regard, respect; à cet
— on that account
égarement *m.* straying, aberra·
tion
(s') égarer to get lost
église *f.* church
eh bien well then
élan *m.* spring, flight, élan, burst,
rush
élémentaire elementary
élevé, -e high
élever to raise; s'— to rise
élire to elect, choose
éloigné, -e far away
éloigner to move away; s'— to go
away
embarrasser to embarrass; s'— to
falter, get mixed up
embrasser to embrace, kiss

émettre to give out, express
émission *f.* broadcast
emmener to take (away)
empêcher to prevent
empêtrer to entangle, embarrass
empiler to pile up
emplir to fill
employé *m.* employee
employer to employ
empoisonné, -e poisoned
emporter to carry away
emprunté, -e borrowed; embarrassed
emprunter to borrow
ému, -e moved, touched
en *pron.* of *or* from him, her, it, them
encadrer to surround
encens *m.* incense
encensoir *m.* censer
encore still, yet, again; si — if only
encre *f.* ink
encrier *m.* inkwell
endormi, -e asleep
endormir to put to sleep
endroit *m.* place; par —s here and there
endurci, -e hardened, callous
énervement *m.* irritation, exasperation
énerver to exasperate, irritate
enfant *m. or f.* child; — de chœur choir-boy, altar-boy
enfermer to enclose, put
enfin at last, finally
enflammé, -e on fire, inflamed
enfoncer to sink, drive in
enfouir to bury

enfourcher to bestride, bestraddle
(s') enfuir to flee, run away
engager to pledge, pawn
engloutir to swallow, devour
engraisser to fatten
enjoindre to order
enlever to remove
ennui *m.* vexation, annoyance
ennuyeer to bore, vex, bother; s'— to be bored
ennuyeu-x, -se annoying, troublesome
énoncé *m.* announcement
énorme enormous
enquête *f.* inquiry
ensemble together; *m.* two-piece suit, whole, general effect; dans l'— in general, on the whole
ensuite afterwards, then
entendre to understand, hear, mean; bien entendu of course; s'— to understand, be understood, to agree
enterrement *m.* burial
enterrer to bury
enti-er, -ère entire
entourer to surround
entraîner to draw along
entre between, among; d'— of
(s') entre-croiser to cross each other
entrée *f.* entrance
entrer to enter
entretenir to maintain, support, keep
entretien *m.* conversation, interview
énumérer to enumerate

enveloppe *f.* envelope
envers toward
envers *m.* reverse side, opposite
envie *f.* wish, desire; avoir — de to want, crave
envisager to consider
envoyé *m.* delegate, representative
envoyer to send
épagneul *m.* spaniel
épais, -se thick, heavy
(s') épaissir to thicken
éparpiller to scatter
épatant, -e (*coll.*) swell, keen, fine
épaule *f.* shoulder
épave *f.* wreck, flotsam and jetsam
épée *f.* sword
éperdument desperately
épier to watch, spy upon
époque *f.* period, time; à l'— then, at that time
épouser to marry
épreuve *f.* test, trial
éprouver to feel, experience
épuiser to exhaust
équilibre *m.* equilibrium
équipe *f.* gang, team
errer to wander
escalier *m.* stairs, stairway; cage d'— stair well
espace *m.* space
espèce *f.* kind, sort, case in point; en l'— in this case
espérer to hope
espoir *m.* hope
esprit *m.* spirit
essayer to try
essence *f.* gasoline
essentiel, -le essential

essuyer to wipe
estimer to estimate, believe
établissement *m.* establishment
étage *m.* story, floor
étale slack, dead
étaler to spread out
état *m.* state
été *m.* summer
éteindre to put out, extinguish
(s') étendre to stretch out, lie down
étendue *f.* expanse
étincelant, -e sparkling, glittering
étoffe *f.* cloth
étoile *f.* star
étonnement *m.* astonishment, surprise
étonner to astonish; s'— to be astonished
étouffer to suffocate, choke, smother, drown
étourdi, -e thoughtless, heedless, careless, dizzy, stunned
étourdissement *m.* dizziness
étrange strange, queer
étrang-er, -ère foreign; *m.* stranger
être to be; *m.* being
étreindre to press, embrace
étroit, -e narrow
étude *f.* study
étudiant *m.* student
étudier to study
évacuer to evacuate, vacate
(s') évanouir to faint
évanouissement *m.* fainting spell, swoon
évasion *f.* escape

éveiller to awaken

événement *m.* event

éventail *m.* fan

(s') éventer to fan oneself

évidemment evidently

éviter to avoid, prevent, spare

exact, -e exact, correct; exactement exactly

exagérer to exaggerate

examiner to examine

exceptionel, -le exceptional

excès *m.* excess

excitation *f.* excitement

exciter to excite; s'— to get excited, work oneself up

(s') exclamer to exclaim

excuse *f.* excuse, pretext; —s extenuating circumstances

excuser to excuse; s'— to excuse oneself, apologize

exécuter to execute

exemple *m.* example; par — for instance

exercer to exercise

exhorter to exhort

expédition *f.* shipment, consignment

explication *f.* explanation

expliquer to explain

exprimer to express

extraordinaire extraordinary; par — for some extraordinary reason

extrémité *f.* end, tip

F

face *f.* face, front, aspect; d'en — opposite, across the way; en — de opposite, in front of; faire — to face, look in the face

fâché, -e displeased, angry

(se) fâcher to grow angry

facile easy

façon *f.* fashion, manner, way; de cette — in that way; de toute(s) —(s) in any case

faiblesse *f.* weakness

faillir to be on the point of, to nearly do

faim *f.* hunger; avoir — to be hungry

faire to do, make, have (*causative*), say; — attention to pay attention; avoir à — to have things to do; avoir beau — to try in vain; — beau to be fine (*of weather*); — bon to be pleasant (*of weather*); — chaud to be warm *or* hot (*of weather*); — confiance to have confidence; — deux heures de route to spend two hours on the road; — du théâtre to go on the stage; — face to face, look in the face; — fortune to make a fortune; — la planche to float on one's back; — la sieste to take one's afternoon nap; — la vaisselle to wash the dishes; — le chemin to make the trip; — le tour de to go around; — mal to hurt; — partie de to be one of; — peur to frighten; — plaisir to give pleasure, please; — preuve de to show; se — à to get accustomed (to), become, happen

fait *m.* fact, truth; — divers piece of miscellaneous news; tout à — completely

falloir to be necessary, have to, need

famili-er, -ère familiar

famille *f.* family

fastueu-x, -se magnificent, regal

fatiguer to tire, weary, wear out; se — to grow weary

faubourg *m.* suburb

faute *f.* fault

fauteuil *m.* armchair

fauti-f, -ve at fault

fau-x, -sse false, wrong

fêlure *f.* crack

femme *f.* woman, wife

fenêtre *f.* window

fer *m.* iron; chemin de — railroad

fermement firmly, steadfastly

fermer to close

fête *f.* celebration, party

feuille *f.* leaf, sheet

feuilleter to leaf through

feutre *m.* felt hat

ficus *m.* fig or rubber tree

fidèle faithful

fiévreusement feverishly, restlessly

figure *f.* face

figurer to represent

fil *m.* thread

file *f.* row

fille *f.* daughter, girl

film *m.* moving picture

fils *m.* son

fin *f.* end

fin, -e fine

finalement finally

fine *f.* brandy, glass of brandy

finir to finish, wind up; — par to finally (*do something*)

fixement fixedly, steadfastly

fixer to set, fix

flamme *f.* flame

flanc *m.* flank, side

flanelle *f.* flannel

fleur *f.* flower

flot *m.* flood, multitude

fois *f.* time; à la — at the same time; une — de plus once more

folie *f.* madness

fonctionnement *m.* functioning

fond *m.* background, end, bottom; au —, dans le — at heart, really, on the whole

fonder to lay the foundation of, authorize

forain, -e pertaining to fairs and markets

force *f.* strength, force; à — de by dint of

forcé, -e forced, unavoidable

forcer to force

forfait *m.* crime

forme *f.* form, shape; en — de in the shape of

former to form

formule *f.* formula

fort, -e strong; *adv.* very much, hard, loud

fortune *f.* fortune; faire — to make a fortune

fougueu-x, -se impetuous, fiery

fouiller to investigate, rummage, ransack

foulard m. silk kerchief, scarf

fournir to furnish, supply

fourrager to rummage, forage

fourrière f. pound

fracas m. crash, uproar, fracas

fraîchir to freshen, get colder

frais, fraîche fresh, cool

frais m. pl. expenses; à — communs sharing expenses

franc, franche frank, openhearted

français, -e French

frapper to strike, hit, knock; to impress

fraternel, -le fraternal, brotherly

frayeur f. fright

frêle weak, delicate, frail

frelon m. hornet, drone

frère m. brother

frit, -e fried

friture f. fried food

froid m. cold; avoir — to be cold; froidement coldly, dispassionately

froisser to rumple, crumple

frôlement m. grazing, light contact, rustle

front m. forehead

frotter to rub

fuir to flee

fumer to smoke

funèbre funereal; pompes —s funeral company, undertaker, funeral ceremony

furti-f, -ve furtive

G

gâchette f. trigger

gagner to gain over, get the better of; to reach; to win

gamelle f. bowl; — de fer tin bowl

garçon m. boy, waiter

garde f. nurse

garder to keep, attend, look after; — trace to keep a record

gardien m. guard, jailer

gauche left; f. left side, left hand

gémir to groan, whine

gendarme m. policeman, jailer

gêne f. discomfort, embarrassment

gêner to embarrass, make uneasy or uncomfortable

général, -e general; avocat — prosecutor

genou m. knee

genre m. kind

gens m. or f. pl. people

gentil, -le nice, kind

geste m. gesture, motion, act

gicler to splash

gifle f. slap

gifler to slap

glace f. mirror; ice cream

glaive m. sword

glissement m. slipping, sliding, gliding motion, rustle

glisser to slide, glide

gluant, -e sticky, gluey

(se) gonfler to swell

gorge f. throat

gorger to gorge, cram, load

gosier *m.* throat, gullet; à plein
— at the top of one's lungs
goudron *m.* tar, pitch
gouffre *m.* abyss
gousset *m.* pocket
goût *m.* taste
goutte *f.* drop
gracier to pardon, reprieve
graisseu-x, -se greasy
grand, -e large, big, tall, great
grand'chose *f.* much
grandeur *f.* greatness
grappe *f.* bunch, cluster
gras, -se fat; slippery
grave serious
gravir to climb
greffe *m.* office
greffier *m.* clerk, recorder
griffe *f.* claw
grimaçant, -e wry, twisted
grincer to creak
gris, -e gray
gronder to scold
gros, -se big, large, thick
groupe *m.* group
gueule *f.* mouth (*of animals*);
(*pop.*) mug
guère: ne . . . — hardly, scarcely
guérir to cure, heal, recover; la
vieillesse ne se guérit pas there's
no cure for old age
guérison *f.* cure
guetter to watch for, lie in wait
for
guignol *m.* Punch, puppet

H

habiller to dress
habiter to inhabit, occupy

habits *m. pl.* clothes, clothing
habitude *f.* habit, practice; d'—
usually
habituer to habituate, accustom;
s'— to get accustomed
haine *f.* hate
haïr to hate
haleine *f.* breath
haleter to pant
halte *f.* halt, halting place
hasard *m.* hazard, chance; au —
at a venture, at random; par
— by chance
hâte *f.* haste, hurry; n'avoir
qu'une — to be in a hurry for
only one thing
(se) hâter to hurry, hasten
hausser to raise, shrug
haut, -e high, loud; à —e voix
aloud; en — at the top
hauteur *f.* height
hein? what?
herbe *f.* grass
héros *m.* hero
hésiter to hesitate
heure *f.* hour, moment, time; à
deux —s at two o'clock; tout à
l'— a little while ago, in a little
while
heureux, -se happy
heurter to knock against, jostle
hier yesterday
(se) hisser to raise oneself
histoire *f.* history, story; trouble
hocher to shake, wag
homme m. man; d'— à — man
to man
honnête honest, honorable
honneur *m.* honor; Légion d'—

Legion of Honor, *buttonhole ribbon denoting membership in this society*

honte *f.* shame; **avoir —** to be ashamed

honteu-x, -se shameful

horreur *f.* horror

hors de out of

huissier *m.* clerk of the court

huit eight

humain, -e human

humanité *f.* humanity, kindness

humide wet, damp

hurler to shout, scream

hypothèse *f.* hypothesis

I

ici here

idée *f.* idea

identité *f.* identity

ignorer to be ignorant of

îlot *m.* islet

image *f.* picture, image

imaginer to imagine

immédiatement immediately

impartialité *f.* impartiality

imperceptiblement imperceptibly

impérieu-x, -se imperious

importer to be important, matter; **n'importe quoi** anything

impressioner to make an impression on, move, affect

incessant, -e incessant, ceaseless

incident *m.* disturbance

incliner to incline, bow

incolore colorless

incommode inconvenient, troublesome, uncomfortable

incroyable unbelievable, incredible

incrustation *f.* inlay

indication *f.* token, ticket

indigent m. pauper

indiquer to indicate

indisposer to prejudice

indistinctement indistinctly, equally

inégal, -e uneven

inert, -e inert

infatigable indefatigable

inférieur, -e lower

(s') infiltrer to infiltrate

infirmière *f.* nurse

informe shapeless, formless

informer to inform, tell, acquaint; **s'—** to inquire, investigate

ingénuité *f.* ingenuousness

inhumain, -e inhuman, cruel

injuste unjust

inqualifiable unqualifiable, for which no name is too bad

inqui-et, -ète disquited, anxious

inscrire to inscribe, write down, set down

insecte *m.* insect

insensé, -e senseless, mad

insensiblement gradually, imperceptibly

insensibilité *f.* callousness

insistance *f.* insistence

insister to insist

insolation *f.* sunstroke

insolent, -e insolent; unheard-of

insomnie *f.* insomnia, sleeplessness

insoutenable unbearable

inspirer to inspire

installer to install, place; s' — to sit down

instructeur *m.* investigator; magistrat — examining magistrate

instruction *f.* examination, inquiry; juge d'— examining magistrate

insulter to insult

intensité *f.* intensity

interdire to forbid; to confound, nonplus

intéressant, -e interesting

intéresser to interest

intérêt *m.* interest, concern

intérieur *m.* interior, inside

interpeller to question, call

interrogatoire *m.* examination, interrogatory

interroger to question

interrompre to interrupt; s'— to break off, stop

intervalle *m.* interval

intervenir to intervene

intimité *f.* intimacy

introduire to introduce, bring in

intrus *m.* intruder

inutile useless, unnecessary

inventaire *m.* inventory

inviter to invite

invraisemblable unlikely

ironie *f.* irony

ironique ironical

irréfléchi, -e unconsidered

irréguli-er, -ère irregular

isoler to isolate

issue *f.* way out

itinéraire *m.* itinerary

ivresse *f.* drunkenness

J

jacassement *m.* chattering

jaillir to spout, burst forth

jalou-x, -se jealous

jamais never, ever; à — forever; ne . . . — never

jambe *f.* leg

jaquette *f.* coat, jacket

jaunâtre yellowish

jaune yellow

jaunir to turn yellow

jeter to throw

jeu *m.* game

jeune young

jeunesse *f.* youth

joie *f.* joy

joli, -e pretty

joue *f.* cheek; en pleine — right on the cheek

jouer to play, act; — un sale tour to play a dirty trick, do a disservice

joueur *m.* player

jour *m.* day, daylight; life; plein — broad daylight; tous les —s every day

journal *m.* newspaper

journaliste *m.* newspaperman

journée *f.* day

juge *m.* judge; — d'instruction examining magistrate

jugement *m.* judgment, decision

juger to judge

juin *m.* June

juré *m.* juryman

jus *m.* juice

jusque until. as far as; jusqu'à

ce que until; — -là up to that
point; jusqu'ici up to now
juste just, true, correct; tight;
barely enough; justement exactly, precisely, indeed
justesse *f.* justness, precision; de
— by a hairbreadth
justice *f.* justice, courts of justice
justifier to justify; se — to justify
oneself, clear oneself

K

kilomètre *m.* kilometer (*0.62
mile*)

L

là there; — -bas down there, over
there; — -dessus thereupon
lâcher to loosen
laisser to leave, let (alone), permit; se — to let oneself
lait *m.* milk; café au — coffee
with milk
lame *f.* blade, wave
lampe *f.* lamp, streetlight; — à
alcool spirit-lamp *or* -stove; —
à pétrole kerosene lamp
lancer to throw, hurl; se — to
dash off
langue *f.* tongue
laquer to lacquer
large wide; *m.* open sea
larme *f.* tear
las, -se tired, weary
lasser to tire, wear out, bore
latéral, -e side
laver to wash (away)

lecteur *m.* reader
lecture *f.* reading
lég-er, -ère light; le cœur — with
an easy conscience, without a
qualm; légèrement slightly
légion *f.* legion; — d'honneur
Legion of Honor, *buttonhole
ribbon denoting membership
in this society*
légitimer to legitimize
lendemain *m.* the next day, the
day after
lent, -e slow; lentement slowly
lettre *f.* letter
lever to raise; — l'audience to
close the hearing; se — to get
up
lèvre *f.* lip
liaison *f.* relationship, affair
libérer to liberate, free
liberté *f.* liberty
libre free
lier to bind, connect intimately
lieu *m.* place; au — de instead of
ligne *f.* line
limite *f.* limit, edge, end
linge *m.* linen, underclothes
liquider to settle
lire to read
lit *m.* bed
litre *m.* liter (*1.06 quarts*)
livre *m.* book; à — ouvert like
an open book
livrer to deliver, turn over; se —
to give oneself over, devote
one's attention
locataire *m.* tenant
logique *f.* logic
loi *f.* law

loin far, far away; **de —** from afar, from a distance

lointain, -e distant

long, -ue long, lengthy; à la —ue in the long run; le — de along, alongside; tout le — de mes nuits all my nights

longer to run along, move alongside of

longtemps a long time; il y avait — qu'ils se connaissaient they had known each other for a long time

longueur *f.* length

lorgnon *m.* pince-nez

lors de at the time of

lorsque when

loterie *f.* lottery

lourd, -e heavy

loyer *m.* rent

lucarne *f.* dormer window

lueur *f.* glimmer, gleam, faint light

luire shine, glisten

lumière *f.* light

lumineu-x, -se luminous, bright, shining

lunettes *f. pl.* glasses

lutte *f.* struggle

luxe *m.* luxury

M

mâchoire *f.* jaw

mâchonner to chew with difficulty, munch, mumble

magasinier *m.* warehouseman, storekeeper

magistrat *m.* magistrate, judge;

— instructeur examining magistrate

magnifique magnificent

maigre thin

maillot *m.* swimming suit

main *f.* hand; serrer la — to shake hands

maintenant now

mais but

maison *f.* house, home, firm

maître *m.* master

maîtresse *f.* mistress

majorer to overestimate, overvalue

mal *adv.* badly, poorly, amiss; *m.* harm, evil; — à l'aise uncomfortable, avoir — à to have a pain in; avoir du — à faire quelque chose to have difficulty in doing something; faire — to hurt

malade sick

maladie *f.* sickness, disease

malentendu *m.* misunderstanding, mistake

malgré in spite of

malheur *m.* unhappiness, misfortune

malheureu-x, -se unhappy, unfortunate

maman *f.* mother, mamma

manche *f.* sleeve

manger to eat; salle à — dining room

manie *f.* whim, eccentricity

manière *f.* manner; à leur — in their way

manquer to miss, fail; to be unfaithful; to be missing

maquereau *m.* pimp

marchand *m.* merchant, shopkeeper, vendor

marche *f.* walk(ing), procession,
step

marchepied *m.* step, running
board

marcher to walk, move; to work

marée *f.* tide, flood

marge *f.* margin; en — on the
edge, on the outside

mari *m.* husband

(se) marier to marry, get married

marin, -e nautical, sailor

marmonner to mutter, mumble

marquer to mark, brand, stigma-
tize

marron chestnut-colored

marteau *m.* hammer

masse *f.* mass, heap

massi-f, -ve massive

mât *m.* mast

matin *m.* morning; du — in the
morning

matinée *f.* morning

Mauresque *f.* Moorish woman

mauvais, -e bad, mean, nasty;
avoir — caractère to be ill-
tempered

mécanique *f.* machinery

méchamment meanly

méchant, -e wicked, bad, ill-na-
tured

mèche *f.* wick

méconnaître to fail to recognize,
disregard, misjudge

mécontent, -e displeased

mécontenter to displease, dis-
satisfy

médecin *m.* doctor

méfait *m.* misdeed

mégot *m.* partly smoked cigarette, butt

meilleur, -e better; le — best

mélancolique melancholy

mêler to mix; se — to mingle,
be mingled, mix

mélodieu-x, -se melodious

même even, self, same; lui- —
(he) himself; à — le plat from
the pan; à — le sol on the
ground; quand — even so,
anyway; tout de — all the
same

mémoire *f.* memory

menacer to menace, threaten

mener to lead, conduct, carry on,
introduce

menottes *f. pl.* handcuffs

mentalement mentally

menton *m.* chin

mépris *m.* scorn, contempt

mer *f.* sea, ocean

merci *m.* thanks

mère *f.* mother

mériter to deserve

merveilleu-x, -se marvelous

mesure *f.* measure; dans une certaine — to a certain extent

méticuleusement meticulously

métier *m.* business

mètre *m.* meter (*1.09 English
yards*)

mettre to put (on); — du temps
to take some time; — mal à
l'aise to make uncomfortable;
se — to put or place oneself;
se — à to begin, set about; se

— à l'aise to make oneself comfortable; se — en colère to become angry; se — en marche to get started

meuble *m.* piece of furniture

meubler to furnish

meurtre *m.* murder

meurtri-er, -ère murderous

mi-clos, -e half-closed

midi *m.* noon

mien, -ne mine

mieux better; le — best

milieu *m.* middle, circle, society; au — de among

militaire military; *m.* soldier

mille thousand

milliard *m.* billion

millier *m.* thousand

mince thin

mine *f.* look; faire — de to look as if

minimiser to minimize

ministère *m.* ministry, office

minutie *f.* minutia

misère *f.* misery, distress

modèle model

modeste modest, moderate

mœurs *f. pl.* customs, morals, morality, manners

moindre lesser, smaller; el — least, smallest, slightest

moins less; au —, du — at least

mois *m.* month

moitié *f.* half; à — half(way)

moment *m.* moment; à un — at one time; à un — donné at a certain point; par —s at moments, now and then; sur le — at once, at first

monde *m.* world, people; le plus simplement du — the simplest way in the world; tout le — everybody

monotonie *f.* monotony

monstre *m.* monster

monstrueu-x, -se monstrous

montée *f.* rise, ascent

monter to climb, mount, build up

montrer to show, point out

(se) moquer to laugh, make fun

moral, -e moral

moralement morally, mentally

moralité *f.* morality

morceau *m.* piece

morgue *f.* mortuary

morne gloomy, dismal, dejected

mort, -e dead; *f.* death; *m. and f.* dead person

mot *m.* word

moteur *m.* motor, engine

motif *m.* motive

mou, molle soft

mouche *f.* fly

mouchoir *m.* handkerchief; — à carreaux checkered handkerchief

mouiller to wet

mourir to die

mousseu-x, -se foamy

moustache *f.* mustache

mouvement *m.* movement, motion

moyen *m.* means

moyennant in consideration of, in return for

muer to change

multicolore multicolored

munir to equip

mur *m.* wall
muraille *f.* wall
mûrir to ripen, mature; (*coll.*) fix
murmure *m.* murmur
murmurer to murmur
musclé, -e muscular
museau *m.* muzzle
mythe *m.* myth

N

nage *f.* swimming; perspiration
nager to swim; — à la brasse to use the breast stroke in swimming
naissance *f.* birth
naissant, -e newborn, just beginning
naître to be born, begin
narquois, -e sneering, mocking, sly
natal, -e natal, native
natte *f.* mat
naturel, -le natural; *m.* naturalness, simplicity; naturellement naturally, of course, spontaneously
nausée *f.* nausea
ne: ne . . .guère hardly, scarcely; — . . . jamais never; — . . . pas not; — . . . personne nobody; — . . . plus no more, no longer; — . . . point not at all, none; — . . . que only; — . . . rien nothing
nécessaire necessary; *m.* what is necessary
négati-f, -ve negative

nerveu-x, -se nervous
netteté *f.* clearness, distinctness
neuf nine
neu-f, -ve new, fresh
nez *m.* nose
niais, -e foolish, absurd
nid *m.* nest
niveau *m.* level
noces *f. pl.* wedding
nœud *m.* knot, bow; — papillon bow tie
noir, -e black
noix *f.* walnut; brou de — walnut husk
nom *m.* name
nombre *f.* number
noter to note, observe
notoriété *f.* notoriety; de — generale as a matter of common knowledge
nourrir to nourish, feed
nourriture *f.* food
nouveau, nouvel, nouvelle new, another; à —, de — again, once more
noyer to drown
nu, -e naked
nuage *m.* cloud
nuée *f.* cloud
nuit *f.* night; cette — tonight
nul, -le no, not any
nuque *f.* nape of the neck

O

objectivité *f.* objectivity
objet *m.* object
obligé, -e obliged
oblong, -ue oblong

obscur, -e obscure, not clear
obscurité *f.* darkness
observer to observe, remark
(s') obstiner to persist
obtenir to obtain
occupé, -e occupied, busy, engaged
occuper to occupy, employ; s'— to occupy oneself, be employed
odeur *f.* odor, smell
œil *m. (pl.* yeux) eye
œuf m. egg
office *m.* office; d'— officially
offrir to offer
ombre *f.* shadow
on one, a person, we, you, they
oncle *m.* uncle
onde *f.* wave
onze eleven
opérer to operate
(s') opposer to be opposed, resist
optimiste optimistic
orage *m.* storm
ordinaire ordinary; d'— ordinarily
ordonnateur *m.* manager, master of ceremonies
ordonner to order, direct
ordre *m.* order
oreille *f.* ear
organisation *f.* organization
organiser to organize, arrange
origine *f.* origin
orteil *m.* toe
oser to dare
osseu-x, -se bony
ôter to take off, remove
ou or
où where, in which, when

oublier to forget
oui yes
ourler to hem
ouvert, -e open
ouvrage *m.* work
ouvrir to open

P

paiement *m.* payment
paillasse *f.* straw mattress
paille *f.* straw
pain *m.* bread
paire *f.* pair
paix *f.* peace
palais *m.* palace; — de justice law courts
palier *m.* landing
pâlir to become pale
panama *m.* Panama hat
panier *m.* basket
pansement *m.* dressing, bandage
pantalon *m.* trousers
pantin *m.* puppet
paperasse *f.* scribbled paper or pages
papier *m.* paper
papillon *m.* butterfly; nœud — bow tie
par by, per
paradoxal, -e paradoxical
paraître to seem, appear
parce que because
par-dessus through
pardonner to pardon
pareil, -le like, alike, same, such
paresse *f.* laziness
paresseu-x, -se lazy
parfois sometimes

parisien, -ne Parisian
parler to speak, talk; — à l'imagination to appeal to the imagination
parloir m. parlor, visitors' room
parmi among
parole f. word; prendre la — to begin to speak
part f. share, part, side; à — except for; d'une — on the one hand; d'autre — on the other hand
partager to share
parti m. party, part; tirer le meilleur — to turn to the best account
particuli-er, -ère particular; en — in particular; particulièrement particularly
partie f. part, game; faire — de to be one of
partir to leave, go away; à — de from, reckoning from
partout everywhere
parvenir to succeed
pas m. step; le — de la porte threshold; revenir sur ses — to retrace one's steps
passage m. passing, passage
passe f. pass, passage
passer to pass, spend; to show; to come up; — à la pommade to rub with ointment; se — to happen, go off
passionné, -e emotional, passionate
pâte f. dough; —s spaghetti, macaroni, etc.
pathétique pathetic

patiemment patiently
patienter to wait patiently
patron m. employer, (coll.) boss, master
patte f. paw
paupière f. eyelid
pauvre poor
pauvreté f. poverty
pavé m. pavement, street, paving stone
payer to pay
pays m. country, land, region
peau f. skin
péché m. sin
pêcher to fish, get by fishing
(se) peigner to comb one's hair
peindre to paint
peine f. pain, grief, difficulty, punishment; à — scarcely, hardly; c'était bien la — a lot of good it did, it wasn't of much help
pénalité f. penalty, penal law
(se) pencher to bend
pendant during; — que while
pendre to hang
pénétré, -e impregnated, deeply impressed
pénétrer to penetrate; to go in
pénible painful
pensée f. thought
penser to think; — à to think about; donner à — to make think, remind
pension f. bill for boarding
pensionnaire m. or f. boarder, paying guest, pensioner
pente f. slope
percer to pierce

percevoir to perceive
percher to perch
perdre to lose; — de vue to lose sight of; — pied to lose footing
père *m.* father
péremptoire peremptory
période *f.* period
périr to perish
perler to glisten; to stand out in drops
permettre to permit
perpétuel, -le perpetual
perruche *f.* parakeet, hen-parrot
persienne *f.* shutter, blind
personnage *m.* person, fellow
personne *m.* (*pron.*) no one, nobody, anybody, anyone; *f.* person
personnel *m.* staff
personnellement personally
persuader to persuade
peser to weigh, lie heavy
pessimiste pessimistic
peste *f.* plague
pétale *m.* petal
petit, -e small, little
pétrir to form, knead, mold
pétrole *m.* kerosene
peu little; — à — by degrees, little by little; à — près almost, nearly; un — a short while, a bit, somewhat, a little
peuple *m.* people
peupler to people
peur *f.* fear; avoir — to be afraid; faire — to frighten
peut-être perhaps, maybe
photographie *f.* photograph

phrase *f.* sentence
physique physical
pièce *f.* room; paper, document
pied *m.* foot; à — on foot; coup de — kick; perdre — to lose footing
pierre *f.* stone
pilotis *m.* pile work
piquer to prick
place *f.* position, spot; à sa — in his place; sur la — on the spot
placer to place, put
plage *f.* beach
plaider to plead
plaidoirie *f.* speech
plaindre to pity; se — to complain
plaine *f.* plain
plainte *f.* complaint
plaire to please
plaisanter to joke, banter, make fun of
plaisanterie *f.* joke, witticism; par — by way of a joke
plaisir *m.* pleasure; faire — to give pleasure, please
planche *f.* board, plank; faire la — to float on one's back
plante *f.* sole (of foot)
plaque *f.* plate, scab
plat, -e flat; à — flat; à — ventre flat on the stomach
plat *m.* pan, dish; à même le — from the pan
platane *m.* plane tree
plateau *m.* tray; plateau
plein, -e full, filled; — à craquer filled to the bursting point; à — gosier at the top of one's

voice; à —s poumons at the top of their lungs; en —e joue right on the cheek; — jour broad daylight; tout le — du soleil the full glare of the sun

pleur *m.* tear

pleurer to cry

pleuvoir to rain

pli *m.* fold, wrinkle

plier to fold

plombier *m.* plumber

plonger to plunge, dive

pluie *f.* rain

plumier *m.* pencil-box, pen-box

plupart *f.* most, the majority

plus more, further; ne ... — no more, no longer; de — en — more and more; une fois de — once more

plusieurs several, some

plutôt rather, sooner

poche *f.* pocket

pochette *f.* pocket handkerchief

poêle *f.* frying pan

poids *m.* weight

poignet *m.* wrist

poil *m.* hair

poing *m.* fist

point *m.* degree, extent, dot, point; *adv.* not at all, none

pointe *f.* point, tip

poisson *m.* fish

poli, -e polished

pommade *m.* pomade, ointment; passer à la — to rub with ointment

pomme *f.* apple; — de terre potato

pompe *f.* pomp, ceremony; —s

funèbres funeral company, undertaker, funeral ceremony

port *m.* port

porte *f.* door; le pas de la — threshold

porte-plume *m.* penholder

porter to carry, wear, bring; se bien — to be in good health

porteur *m.* (pall)bearer

posément deliberately

poser to place; to ask (*of questions*); se — to alight

possibilité *f.* possibility

possible: aussi vite que — as quickly as possible; le plus — as much as possible

poumon *m.* lung; à pleins —s at the top of their lungs

pour for, in order; — que in order that

pourboire *m.* tip

pourquoi why

poursuite *f.* pursuit, chase

poursuivre to pursue; se — to continue

pourtant however

pourvoi *m.* appeal

poussière *f.* dust

pouvoir to be able, can, may

précédent, -e preceding

précéder to go before, precede

précipitation *f.* precipitation, haste

précipité, -e precipitate, hurried

(se) précipiter to throw oneself headlong, rush

précis, -e precise

précisément precisely

préciser to specify

préférer to prefer

préméditer to premeditate
premi-er, -ère first
prendre to take, gather, catch, receive; — appui to catch hold; — à témoin to call to witness; — des bains to go swimming; être pris to be fascinated; — la parole to begin to speak; se — to act
préoccupé, -e preoccupied, thoughtful
préparer to prepare; se — to get ready
près near; à peu — almost, nearly; — de about, nearly
présent *m.* present; à — at present
présenter to present, offer, introduce
presque almost
pressant, -e pressing, earnest, urgent
pressé, -e in a hurry
presser to hurry, press
prêt, -e ready
prêter to lend
prétoire *m.* courtroom
prêtre *m.* priest
preuve *f.* proof; faire — de to show
prévenir to inform
prier to pray
prière *f.* prayer
principal, -e principal, main
principe *m.* principle, rule; en — theoretically
prise *f.* taking; — de bec dispute, quarrel, set-to
prisonnier *m.* prisoner

privé, -e private
priver to deprive
privilégié *m.* privileged person
procéder to proceed
procès *m.* trial
prochain, -e next
proche near
proches *m. pl.* near relatives
procurer to procure, obtain, get (for somebody)
procureur *m.* prosecutor
profiter to profit, take advantage
profond, -e profound
profondeur *f.* depth
programme *m.* program
projet *m.* project, plan
projeter to project, hurl; to plan
prolonger to prolong, extend
promenade *f.* walk; aller en — to go for a walk
promener to take for a walk; se — to go for a walk
promeneur *m.* walker
promesse *f.* promise
promettre to promise
prononcer to pronounce
propos *m.* talk, remark; à — de about, in reference to
proposer to propose; se — to offer oneself
proposition *f.* offer, proposal
propre own
propriétaire *m.* owner
protester to protest
prouver to prove
provoquer to provoke
psychologie *f.* psychology
public *m.* public, audience
publier to publish

publique public
puéril, -e puerile, childish
puis then, next, after that
puisque because, since
puits *m.* well
punaise *f.* bedbug
punir to punish
punition *f.* punishment
pur, -e pure, clear
pureté *f.* purity
purger to purge
pyjama *m.* pajama

Q

quadrillé, -e ruled in squares
quai *m.* quay, pier
qualité *f.* favorable characteristic, virtue, excellence
quand when; — même after all, anyway
quant à with regard to
quart *m.* quarter
quartier *m.* neighborhood
quatre four
que that, than; ne . . . — only
quel, -le what, which
quelque some, several, a few; — chose something; —fois sometimes; quelqu'un someone
querelle *f.* quarrel, fight
question *f.* question, matter
questionner to question
quitte quit, discharged, clear; être — pour to get off with
quitter to leave
quoi what, which
quotidien, -ne daily

R

raccrocher to hang up; se — to clutch, hold, grasp tightly
race *f.* race, stock, lineage
racine *f.* root
raconter to recount, tell
radiophonique radio
rafraîchir to refresh
raid, -e stiff, tight
raie *f.* stripe
raison *f.* reason; avoir — to be right
raisonnable reasonable
raisonnement *m.* reasoning
raisonner to reason; se — to reason with oneself
râle *m.* gasp
ralentir to slow down
ramasser to pick up
rambarde *f.* hand-rail
ramener to bring back
ramper to crawl, crouch, cringe
rang *m.* row
rangée *f.* row
ranger to arrange; se — to step aside, get into order
rapide rapid; rapidement rapidly
rapidité *f.* rapidity
rappeler to call again, recall
rapport *m.* connection, relation
rapproché, -e close together
(se) rapprocher to approach, come closer
rare rare, infrequent, sparse; rarement rarely, seldom
(se) raser to shave
(se) rasseoir to sit down again
rater to fail, miss

rattraper to catch up with, overtake

rauque hoarse, raucous

rayé, -e striped

réalité *f.* reality

rebondir to rebound

récemment recently

recevoir to receive

réchauffer to warm up

récit *m.* account

réclame *f.* advertisement

réclamer to demand, require

recommander to recommend, order

recommencer to begin again

recomposer to recompose

reconduire to lead back, escort back

reconnaître to recognize, acknowledge

recouvrir to cover (over); se — to put one's hat back on

(se) recroqueviller to shrivel up, curl up

recueillir to gather, receive, shelter; se — to concentrate one's thoughts, meditate, compose one's feelings

recul *m.* recoil, backward movement

reculer to draw back, retreat

(à) reculons backwards

redevenir to become again

rédiger to draw up, word, write, prepare

(se) redresser to become straight again, stand erect, hold up one's head

réduire to reduce

réel, -le real; réellement really

refaire to make over, remake, renew

réfectoire *m.* refectory, dining hall

(se) refermer to close again

réfléchi, -e deliberate

réfléchir to reflect, think it over

reflet *m.* reflection

réflexion *f.* reflection; — faite having thought over the matter

réformer to reform, revise

refuser to refuse, object

regagner to go back to

regard *m.* look, glance

regarder to look at, regard

régiment *m.* regiment; au — in the army

règle *f.* rule

régler to regulate, adjust, decide

regretter to regret

régularité *f.* regularity

réguli-er, -ère regular; régulièrement regularly, with regularity

rein *m.* kidney; —s loins

rejaillir to rebound, be reflected

rejet *m.* rejection

rejeter to reject

rejoindre to rejoin, overtake; se — to meet, reunite

(se) réjouir to enjoy oneself

relater to relate

relever to pick up, raise; se — to stand up

religieusement religiously, with a religious service

relire to reread

remarque *f.* remark, observation

remarquer to remark, notice; faire — to point out, call attention to

remercier to thank

remettre to put back, put on again

remonter to go up again, rise again

remords *m.* remorse

remplacer to replace

remplir to fill

remue-ménage *m.* bustle, stir

remuer to move, stir

rencontre *f.* encounter; marcher à la — to go to meet

rencontrer to meet, encounter

rendement *m.* return

rendre to make, give back; — compte to report; se — to go, surrender, yield; se — compte to realize

renfermé. -e quiet, retiring, self-centered

renifler to sniffle

renoncer to renounce, give up

renseignement *m.* information

renseigner to inform

rentré, -e driven in, suppressed, restrained

rentrée *f.* return

rentrer to come *or* go home, go back in

renverser to upset, reverse; se — to throw oneself back, fall back

renvoi m. adjournment

renvoyer to postpone, adjourn

repartir to leave again

repas *m.* meal

repentir *m.* repentance

répéter to repeat

répondre to answer, reply, respond

repos *m.* rest, repose, quiet

reposer to rest, repose; se — to rely

repousser to push away

reprendre to take again, begin again, resume possession of; — conscience to become aware of again

représentant *m.* representative

représenter to represent; se — to imagine, picture to oneself

reproche *f.* reproach

reprocher to reproach

répugnance *f.* aversion, reluctance

réquisitoire *m.* indictment

résonner to resound

respect *m.* respect; tenir en — to intimidate

respirer to breathe

ressembler to resemble

ressentir to feel, experience

resserré, -e narrow

ressortir to stand out

reste *m.* rest, remainder

rester to remain

résultat *m.* result

résumer to summarize

retarder to delay, put off

retenir to detain, prevent

retentir to resound, ring

retentissant, -e sensational

retirer to withdraw

retomber to fall back

rétorquer to retort

retour *m.* return

retourner to return, turn around; se — to turn back, turn around

retracer to retrace, relate

retraite *f.* pension, retirement; maison de — old people's home

retrancher to cut off

retrousser to turn up

retrouver to find, recognize; se — to meet again

réussir to succeed

rêve *m.* dream

réveil *m.* awakening

réveiller to wake up, rouse; se — to wake up, be roused

révéler to reveal

revenir to return; — sur ses pas to retrace one's steps; cela revenait au même it came to the same thing

revêtir to put on, assume

revivre to relive

revoir to see again; au — goodbye, so long

révolté, -e rebellious, in revolt

révolte *f.* revolt

(se) rhabiller to get dressed

ride *f.* wrinkle

rideau *m.* curtain

ridicule ridiculous; *m.* ridiculousness, absurdity

rien nothing; ne . . . — nothing; sans — dire without saying anything

rire to laugh

risquer to risk

rivière *f.* river

robe *f.* dress, gown

roche *f.* rock

rocher *m.* rock, cliff

rompre to break

rond, -e round

ronflement *m.* snore, roar, rumbling

ronger to gnaw

rose pink

roseau *m.* reed

roue *f.* wheel

rouge red; *m.* the scab

rougeâtre reddish

rougeur *f.* redness, flush, glow

rougir to blush

roulant, -e rolling

rouler to roll; se — to wallow, wrap oneself

route *f.* road, route; faire deux heures de — to spend two hours on the road

rou-x, -sse russet, red, reddish-brown

rue *f.* street

ruisseler to stream, run, pour down

rumeur *f.* confused noise

S

sable *m.* sand

sac *m.* handbag

saccadé, -e jerky

sacré, -e sacred

sain, -e healthy

saisir to seize, grasp, understand

saison *f.* season

salaire *m.* wages, pay, fees

salaud *m.* (*pop.*) dirty beast, skunk

sale dirty, nasty
salé, -e salty, salt
salir to dirty, defame
salle *f.* room; — à manger dining room
saluer to greet
salut *m.* hello, greetings
samedi, *m.* Saturday
sandale *f.* sandal
sang *m.* blood
sanglot *m.* sob
sans without; — que without
santé *f.* health
sarrau *m.* smock
saut *m.* jump, leap
sauter to jump
savoir to know, know how; ne — trop to hardly know
scandale *m.* scandal
science *f.* knowledge
sciure *f.* sawdust
scrupule *m.* scruple
séance *f.* program, show
sec, sèche dry
(se) sécher to dry oneself
seconde *f.* second
secouer to shake
sein *m.* breast, bosom, midst
seize sixteen
sel *m.* salt
selon according to
semaine *f.* week
semblable similar
sembler to seem, appear; ce que bon lui semblait what it pleased
semelle *f.* sole
semer to sprinkle, scatter
sens *m.* sense, direction
sensibilité *f.* feeling

sensuel, -le sensual
sentiment *m.* sentiment; —s distingués very truly yours, faithfully yours
sentir to feel, perceive, be conscious of, smell; se — to feel
separer to separate
série *f.* series
sérieu-x, -se serious; *m.* seriousness, gravity; au — seriously
serrer to grasp, press, squeeze; — la main to shake hands; — les dents to clench one's teeth
service *m.* administration, service; de — on duty
serviette *f.* towel, briefcase
servir to serve; — de témoin to serve as witness; se — de to use
seuil *m.* sill, threshold
seul, -e only, sole, alone, single; seulement only
sévère severe, austere
si if; — encore if only
si so, so much; — bien que so that
siècle *m.* century
sieste *f.* nap, siesta; faire la — to take one's afternoon nap
siffler to whistle
signe *m.* sign
signer to sign
signifier to signify, mean
silencieu-x, -se silent
simplement simply, solely, merely; le plus — du monde the simplest way in the world
simplifier to simplify

singuli-er, -ère singular, peculiar, odd

sirène *f*. siren

sobrement soberly

société *f*. society

sœur *f*. sister

soie *f*. silk

soigner to take care of

soigneusement carefully

soin *m*. care

soir *m*. evening

soixantaine *f*. (about) sixty

soixante-dix seventy

soixante-quatre sixty-four

sol *m*. ground

soleil *m*. sun

solitaire solitary

sombre dark, gloomy

somme *f*. sum, total; en —, — toute on the whole, after all

sommeil *m*. sleep; avoir — to be sleepy

sommet *m*. summit

somnoler to doze

son *m*. sound

songeu-r, -se dreamy, thoughtful

sonner to sound

sonnerie *f*. ringing

sort *m*. fate, lot; tirage au — drawing lots

sorte *f*. sort, kind; de — que so that, in such a way that; en quelque — in a way, in some degree, so to speak

sortie *f*. exit, excursion

sortir to go out, leave, take out

soudain, -e sudden; *adv*. suddenly

souffle *m*. breath

souffler to breathe, blow

souffrir to suffer

souhaiter to wish for

soûl, -e drunk

soulager to relieve, comfort

soulever to raise, lift up, arouse; se — to get up

soulier *m*. shoe

souper to have supper

soupir *m*. sigh

source *f*. spring

sourcil *m*. eyebrow

sourd, -e deaf, muffled; sourdement indistinctly, low

sourire to smile; *m*. smile

sous under

soutane *f*. cassock

souteneur *m*. pimp

soutenir to hold up

soutien *m*. support

(se) souvenir to remember

souvent often, frequently

sparadrap *m*. tape, plaster

spécial, -e special

spectacle m. show, performance

spectateur *m*. spectator

stade *m*. stadium

stores *m*. blinds

stuc *m*. stucco

stylo *m*. fountain pen

substituer to substitute

subvenir to provide; — aux besoins de to provide for the wants of

subventionner to subsidize

succès *m*. success, result

succomber to succumb, perish

sucer to suck
sucre *m.* sugar
suer to sweat
sueur *f.* sweat
suffire to suffice, be enough
suite *f.* sequel, result, continuation; à la — consecutively; à la — de after; par — as a result; par — de in consequence of; par la — afterwards, later on; sans — incoherent, rambling; tout de — immediately
suivant *m.* follower, attendant
suivre to follow
sujet *m.* subject; au — de about, concerning
superficiel, -le superficial
supporter to bear, hold, endure
supposition *f.* supposition, conjecture
sur on, upon, over, toward, out of; — le moment at once, at first
sûr, -e sure, safe; à coup — for certain; bien — certainly, of course
surchauffer to overheat
sûreté *f.* secureness, sureness, certainty
surgir to spring up, arise, appear
surplomber to overhang
surprendre to surprise
surtout especially
survenir to happen, occur
suspendre to suspend, adjourn
suspension *f.* break
sympathie *f.* sympathy
sympathique likable

T

tabac *m.* tobacco
table *f.* table; — de toilette dressing table
tablier *m.* apron
tache *f.* spot
tâche *f.* task
tacite tacit, implied
taciturne taciturn
tactique *f.* tactics, plan
taillader to slash
taille *f.* waist
(se) taire to be silent, keep still
tamaris *m.* tamarisk
tamiser to strain, filter, soften
tandis que while, whereas
tant so much, so many, to such a degree
tante *f.* aunt
taper to tap, strike, beat; to type
taquet *m.* swipe
tard late
tas *m.* pile, heap, large number
tasse *f.* cup
tasser to heap up, pile up, cram
Techécoslovaque *m.* Czech
Tchécoslovaquie *f.* Czechoslovakia
tchèque Czech
teint *m.* complexion, color
tel, -le such, like, such a
téléphoner to telephone
tellement so much, to such an extent
témoignage *m.* evidence, testimony
témoigner to testify, bear witness

témoin *m.* witness; prendre à — to call to witness

tempe *f.* temple

temps *m.* time, while, period, epoch; à — in time; dans un — at one time; de — en — from time to time; en même — at the same time; mettre du — to take some time

tenace tenacious

tendre tender; tendrement tenderly

tendre to hold out, offer, stretch

tendu, -e strained, hung, stretched

tenir to hold, keep; — en respect to intimidate; se — to stand, sit

tenter to try, tempt

ténu, -e thin, frail

terminer to finish

terne dull, lusterless

terrain *m.* ground

terre *f.* earth; à — on the ground; par — on the floor *or* ground

terreur *f.* terror

tête *f.* head

théâtre *m.* theater; faire du — to go on the stage

tic *m.* tic, twitching of the face, bad habit

tiède lukewarm, tepid

tirage *m.* drawing; — au sort drawing lots

tirebouchonner to wind, spiral

tirer to draw, pull, shoot; — le meilleur parti to turn to the best account; se — to extract oneself, get off; un

dimanche de tiré one Sunday gone

tiroir *m.* drawer

tissu *m.* cloth

titre *m.* title; au même — for the same reason

toile *f.* canvas, linen; — cirée oilcloth

toilette *f.* the act of washing, dressing, etc.; table de — dressing table

toit *m.* roof

tombe *f.* tomb(stone), grave (stone)

tomber to fall

ton *m.* tone

tonner to thunder

toque *f.* cap, bonnet

tort *m.* wrong; avoir — to be wrong

tortiller to twist

tôt early

touche *f.* key

toucher to touch

toujours always, still; depuis — forever, always

tour *m.* circumference, circuit, trick, turn; à mon — in my turn; faire le — de to go around; jouer un sale — to play a dirty trick, do a disservice

tourmenter to torment

tournant *m.* turning, bend

tourner to turn, change; se — to turn around

tousser to cough

tout, -e, tous, toutes all, any, each, every, all, everyone, everything, whole; **dans tous les cas** in any case, at any rate; **du —** at all; **en — cas** in any case, at any rate; **— le monde** everybody; **tous les jours** every day

tout *adv.* entirely, quite, very; **— à fait** completely; **— à l'heure** a little while ago, in a little while; **— de même** all the same; **— de suite** immediately; **— droit** right, straight; **— d'un coup** all at once

trac *m.* fear; **avoir le —** to be nervous, have cold feet, have stage fright

trace *f.* trace, mark, evidence; **garder —** to keep a record

tracer to trace

tragédie *f.* tragedy

train *m.* train; **être en — de** to be in the act of doing

traînée *f.* trail

traîner to draw, pull along

trait *m.* feature

traitement *m.* treatment

traiter to treat, deal with

trajet *m.* passage, journey, distance

tram(way) *m.* streetcar

trancher to cut off

tranquille tranquil, quiet

transmettre to transmit

transpiration *f.* perspiration

transporter to carry, transport

travail *m.* work

travailler to work

travailleur *m.* worker

travers breadth, width; **à —** across

traverser to cross

traversin *m.* bolster

tremblant, -e trembling

tremblement *m.* trembling

trembler to tremble

trente thirty

très very

tressaillir to give a start, thrill, tremble

tresser to plait, tress

treuil *m.* windlass, winch

trève *f.* truce, relief

tribune *f.* bench

tricoter to knit

triompher to triumph, conquer

triste sad

tristesse *f.* sadness

trois three

troisième third

(se) tromper to be mistaken, make a mistake

tromperie *f.* deceit

trompette *f.* trumpet

tronc *m.* trunk

trop too, too much, very much; **être de —** to be in the way, intrude; **ne savoir —** to hardly know

trottoir *m.* sidewalk

troubler to disturb, muddle, confuse, blur

trouver to find, think; **se —** to be present, be

truffer to garnish with truffles, (*fig.*) fill, cover

(à) tue-tête at the top of one's voice

tuer to kill
tumulte *m.* tumult
tutoyer to use **tu** and **toi** (instead of **vous**)
type *m.* type, fellow, character, guy

U

uriner to urinate
usage *m.* custom, procedure
utiliser to use
utilité *f.* usefulness

V

vacances *f. pl.* vacation, holiday
vaciller to vacillate
vague *f.* wave
vaguement vaguely
vain, -e vain; en — vainly
vaisselle *f.* dishes; faire la — to wash the dishes
valeur *f.* value
valide able-bodied, healthy
valise *f.* traveling bag, valise
valoir to be worth, be equal to, be as good as; — mieux to be better; se — to amount to the same thing
vapeur *m.* steamer
veille *f.* the day before, vigil
veillée *f.* watch, wake
veiller to sit up (with), watch by (the dead), keep watch
veine *f.* vein
vendeur *m.* seller

venir to come; — de to have just; en — à to get to
vent *m.* wind
ventilateur *m.* fan
ventre *m.* abdomen, belly, stomach; à plat — flat on the stomach
venue *f.* arrival
vérifier to verify, check
véritable real
vérité *f.* truth
verni, -e varnished, patent leather
vernis *m.* varnish
verre *m.* glass
verrière *f.* skylight
vers toward, to, (*of time*) about
vert, -e green
vertige *m.* vertigo, dizziness
vertu *f.* virtue
veste *f.* coat, jacket
veston *m.* jacket, coat
vêtement *m.* garment; *pl.* clothes
vêtir to dress
viande *f.* meat
vibrant, -e vibrating
victime *f.* victim
vide empty; *m.* emptiness
vider to empty; se — to become empty
vie *f.* life; en — living
vieillard *m.* old man; pl. the aged
vieux, vieil, vieille old; vieux *m.* old man, old chap
vif, vive lively, quick-tempered, bright; le — du sujet the heart of the matter
villageois *m.* villager
ville *f.* town, city
vin *m.* wine

vingt twenty; — heures eight o'clock

vingt-cinq twenty-five

violet, -te violet, purple

vis *f.* screw

visage *m.* face; changer de — to change one's expression

vis-à-vis *m.* the person facing you; en — opposite each other

visite *f.* visit

visiteu-r, -se *m.* or *f.* visitor

visqueu-x, -se viscous, slimy

vite quickly; aussi — que possible as quickly as possible

vitesse *f.* speed; à toute — at top speed

vitre *f.* pane, window

vivant *m.* lifetime; de son — during his (*or* her) lifetime

vivre to live

voilà there is, there are, there!

voile *m.* veil

voir to see; n'avoir rien à — avec to be irrelevant to

voisin *m.* neighbor

voisiner to visit one's neighbors, be next to

voiture *f.* carriage, van

voix *f.* voice; à haute — aloud

vol *m.* flying, flight; au — on the wing, flying

volée *f.* flight, volley; à la — flying, at random; à toute — with all his strength

voler to steal, rob

volet *m.* shutter

volonté *f.* will

volubile voluble

volubilité *f.* volubility, glibness

vomir to vomit

vouloir to wish; — bien to be willing; — dire to mean; en — to be annoyed with, be angry at, have it in for

voûté, -e arched, bent, stooping

voyageur *m.* traveler

vrai, -e true; vraiment really

vrombir to buzz

vue *f.* sight; connaître de — to know by sight; perdre de — to lose sight of

Y

y there; il — a there is, there are; ago

yeux *m. pl.* (*singular* œil) eyes